KB112314

절대 1강
전북현대

절대 1강
전북현대

초판 1쇄 인쇄 | 2020년 5월 21일
초판 1쇄 발행 | 2020년 5월 28일

지은이 | 도영인
펴낸이 | 박영욱
펴낸곳 | 북오션

편 집 | 이상모
마케팅 | 최석진
디자인 | 서정희 · 민영선

주 소 | 서울시 마포구 월드컵로 14길 62
이메일 | bookocean@naver.com
네이버포스트 | post.naver.com/bookocean
페이스북 | facebook.com/bookocean.book
인스타그램 | instagram.com/bookocean777
전 화 | 편집문의: 02-325-9172   영업문의: 02-322-6709
팩 스 | 02-3143-3964

출판신고번호 | 제313-2007-000197호

ISBN 978-89-6799-540-9 (03690)

이 도서의 국립중앙도서관 출판예정도서목록(CIP)은 서지정보유통지원시스템
홈페이지(http://seoji.nl.go.kr)와 국가자료공동목록시스템
(http://www.nl.go.kr/kolisnet)에서 이용하실 수 있습니다.
(CIP제어번호: CIP2020017393)

도영인 지음

절대 1강
전북현대

북오션

목차

1

First Touch 퍼스트 터치
마이 퍼스트 팀

고백하건대 난 축구보다 야구를 좋아했다. 몇 남지 않은 어린 시절 기억 중 하나가 아버지의 손을 잡고 삼성 라이온즈 경기를 보려고 대구 시민운동장을 찾았던 것이다. 시끄럽고 어수선한 기억의 한 조각 속에서도 푸른 잔디와 큰 운동장을 신기해하던 느낌은 지금도 또렷하다.

돌이켜보면 그때의 짧은 기억이 내 인생의 좌표가 된 것 같다. 야구를 무척 좋아했던 난 선수를 해보겠다고 가족들 몰래 초등학교 야구부에 가입하기도 했고, 삼성 라이온즈에서 운영하는 어린이 야구교실에 참가하겠다고 혼자 한 시간이 넘는 거리를 걸어가기도 했다. 어린 시절에는 수업이 끝나면 가방을 집에 던져놓고 야구를 하러 나가는 것이 일상이었다. 내가 유년시절을 보낸 대구는 어디에나 야구를 하는 아이들이 많았다.

1992년 대구에서 경기도 안산으로 전학을 오면서 내 스포츠관이 완전히 달라졌다. 대구에서는 어디서든 야구만 하던 또래 아이들이 안산에서는 모두 축구만 하고 있는 게 아닌가. 지금 생각해보면 어린 아이들이 주로 하는 운동 종목도 지역마다 색깔이 분명했던 것 같다.

　　내 인생에서 축구는 그때가 처음이었다. 경상도 사투리가 익숙했던 나는 학교 운동장 여기저기서 목청껏 질러대는 '질러'라는 단어가 한동안 어색했다. 그곳에선 축구가 말 그대로 국민 스포츠였다. 친구들은 야구 선수 이름은 잘 몰라도 국가대표 축구 선수들은 쭉 꿰고 있었다. 나에겐 신선한 충격이었다. 조금 아쉬웠던 건 내가 자신 있는 야구를 보여줄 기회가 없었다는 거다. 한동안은 혼자 테니스공을 벽에 던지면서 아쉬움을 달래기도 했다.

　　그렇게 야구와 축구를 넘나들었던 내 스포츠 취향은 청소년기를 거치며 보다 다양화됐다. 스포츠에 관심이 많은 친구들의 영향이 컸다. 농구, 배구, 탁구, 볼링, 당구 등 공으로 할 수 있는 운동은 어느 정도 해본 것 같다.

　　내 인생에서 축구에 대한 가장 강렬한 기억을 남긴 경기는 1997년 잠실종합운동장에서 열린 아랍에미리트연합(UAE)과의 1998프랑스월드컵 아시아지역 최종예선과

문학월드컵경기장에서 열린 2002한일월드컵 조별리그 포르투갈전이다.

1997년 UAE전은 내 생애 첫 직관 경기였다. 내 기억으론 1994미국월드컵을 기점으로 스포츠 팬들 사이에서 야구보다 월드컵에 대한 관심이 커졌다. 나도 마찬가지였다. 불세출의 스타 차범근 감독이 이끄는 축구대표팀이 프랑스월드컵 본선으로 가는 과정을 두 눈으로 보고 싶었다(사실 경기가 토요일이라 주말 자율학습에 빠져보겠다는 의지가 더 강했다).

고등학교 2학년이었던 난 친구들과 의기투합해 잠실로 가겠다는 마음을 먹었다. 그때는 체벌이 있을 때라 엄한 선생님이었다면 '귓방망이' 몇 대 맞아도 이상할 게 없는 좀 무모한 생각이었다. 다행히 당시 담임선생님은 학생들 편에서 항상 생각해주시는 분이라 난 과감하게 교무실 문을 두드렸고, 예상대로 흔쾌히 허락해주셨다. 다만 조건이 하나 있었는데 기왕에 경기장까지 가는 거 TV 중계화면에 어떻게든 한번 잡혀보라는 것이었다. 친구들과 한 사람이 한 자씩 플래카드를 만들어 경기 내내 펼치고 있었지만 결국 우리 모습이 전파를 타지는 못했다.

그날 잠실종합운동장에는 7만 명이 넘는 관중이 운집

했고, 대표팀은 3대0 승리를 거뒀다. 경기장에서 뿜어져 나온 열기는 어떤 것으로도 설명할 수 없을 정도로 강렬했다. 그날 이후 A매치를 항상 챙겨보게 됐다. 첫 직관의 기분을 TV중계에서라도 느끼고 싶었기 때문이다. 고3 시절 새벽잠을 설치며 지켜본 프랑스월드컵은 축구의 참맛을 알게 해줬고, 4년 후인 2002년 한일월드컵은 내 인생에 다시 못 올 순간을 안겨줬다.

한일월드컵 이전만 해도 월드컵은 남의 이야기였다. 게다가 월드컵을 현장에서 볼 수 있다는 생각은 전혀 하지 못했다. 월드컵이 다가오면서 직관에 대한 관심이 높아졌지만 이미 대회를 앞두고 수차례 티켓 판매가 된 상황이었다. 게다가 가장 싼 조별리그 경기 입장권 가격도 당시 대학생인 내가 부담하기는 만만치 않았다. 입장권 비용은 어떻게 부모님께 손을 벌린다고 해도 경기에 임박해서 입장권을 구하는 것 자체가 사실상 불가능했다. 그러던 중 축구에 관심이 많은 친구의 제안으로 붉은 악마에 가입하면서 월드컵 직관의 기회가 열렸다(지금 생각해보면 솔직히 꼼수였다. 따지고 보면 월드컵 본선 경기를 직관하려는 위장 서포터였다). 국가대표팀 서포터인 붉은 악마에게는 조직위원회 차원에서 한국 경기의 티켓이 일정 양

배분된 것으로 보였다. 월드컵 기간 누구보다 열심히 응원했지만 이후에는 미안하게도 관련 활동을 하지 않았다. 월드컵 직관이라는 소기의 성과를 달성했기 때문이었다. 축구팬 가운데 나와 같은 케이스가 제법 있었을 거라 추측해본다.

한일월드컵 중에 두 경기를 직관했다. 조별리그 2차전으로 대구스타디움에서 열린 미국전, 3차전인 포르투갈전이다. 당시 월드컵 개막을 앞두고 흥행이나 열기에 대한 걱정이 적지 않았다. 이전까지 월드컵 본선에서 단 1승도 올리지 못한 '축구의 변방'인 한국이 졸전 끝에 조별리그에서 탈락한다면 말 그대로 한일월드컵은 '남의 잔치'가 될 것이 뻔했기 때문이다. 하지만 한국은 모두의 예상을 깨는 출발을 보여줬다. 조별리그 1차전에서 거스 히딩크 감독이 이끈 한국은 폴란드를 2대0으로 격파했고, 그 덕분에 월드컵 열기가 후끈 달아올랐다.

당시 난 대표팀 유니폼의 마킹을 공격수 안정환으로 했다. 대표팀에서 롱런할 것이라는 믿음이 있어서였나. 안정환이 2차전 미국과의 경기에서 후반 헤딩슛으로 동점골을 터트리자 내 주변에 있던 서포터들이 내 유니폼을 찢어버릴 듯이 잡아당기며 환호하던 기억이 생생하다. 경기가 끝나고 대구 스타디움을 빠져나오는데 '이런 게 축구구나'하는 생각이 들 만큼 강렬한 기억을 남긴 90분이었다.

그리고 다음 경기는 포르투갈과의 대결이었다. 한국 축구 역사상 첫 월드컵 16강을 확정한 경기를 직접 지켜본 일은 평생 잊지 못할 기억이기도 하다. 축구 기자들은 좋은 성과를 낸 대회를 마치고 나면 '역사의 현장을 함께했다'는 표현을 쓴다. 나도 축구 기자 생활을 하면서 2010남아공월드컵 원정대회 첫 16강 진출, 2012런던올림픽 동메달 획득 등 극적인 순간을 두 눈으로 지켜봤지만 포르투갈전 감동이 더 컸던 것 같다. 그때는 정말 순수한 축구 팬이라 그랬는지 모르겠다. 홈의 이점을 안고 기세가 등등했지만 그래도 상대는 포르투갈이었다. 포르투갈은 그 경기에서 지면 16강 탈락을 할 수도 있는 상황이었기 때문에 한국이 질 것이라는 전망이 지배적이었다. 모두의 예상을 깬 한국의 승리는 전 국민을 흥분의 도가니로 몰아넣었고, 내 가슴에도 진한 울림으로 남았다.

2002한일월드컵에서 뜨겁게 타올랐던 축구에 대한 나의 열정은 이후 자연스럽게 사그라졌다. 그렇게 흐지부지 될 것 같았던 나와 축구의 인연은 2007년 4월 스포츠서울에 입사하면서 새롭게 시작됐다. 어린 시절부터 스포츠에 관심 많았던 데다가 미디어 관련 전공을 한 나에게는 최적의 직장이었다.

수습기자 시절 첫 부서 배치를 앞두고 있는데 편집국장께서 신입 기자들에게 1~3지망 부서를 적어내라고 하셨다. 동기들은 모두 체육부를 기피했다. 하지만 이만수와 장효조를 동경하면서 어린 시절을 보냈고, 홍명보과 황선홍을 좋아했던 나는 1지망에 야구부(체육2부), 2지망에 축구부(체육1부)를 쓴 뒤 내 진정성을 강조하고자 3지망을 비워뒀다. 그만큼 스포츠 현장에 가고 싶었다. 하지만 편집국장은 신입 기자들을 선호 부서에 모두 보내지 않았다(지금 와서 생각해보면 하고 싶은 것보다 하기 싫은 것을 먼저 경험해보라는 의미였던 것 같다). 난 첫 부서를 편집부로 배정받았다. 하지만 편집부 생활은 그리 길지 않았다. 2007년 12월 축구를 주로 취재하는 체육1부로 자리를 옮기게 됐다.

의지는 불타올랐지만 막상 스포츠를 취재하는 부서에 배정되고 나니, 기대만큼 두려움도 컸다. 그 두려움을 조금씩 확신으로 바꿔준 사람은 선배들이었다. 당시만 해도 신문사에 도제식 교육이 남아 있던 시절이라 선배들에게

혼도 많이 나면서 많은 것을 배웠다. 처음에는 K리그 경기장 이름도 제대로 알지 못했고, 선수 이름도 부지기수로 틀렸다. 시간이 모든 것을 해결해줄 거라는 믿음으로 취재기자 생활을 시작했다.

축구팀은 보통 시즌이 끝나면 담당팀을 조정한다. 시즌 막판에 축구팀 일원이 된 난 2008시즌을 앞두고 어떤 팀을 맡게 될지 궁금했다. 게다가 A매치를 좋아했지만 K리그는 사실상 백지 수준에 가까웠기에 걱정이 앞섰다.

"너 담당하고 싶은 팀 있어? 있으면 이야기해. 반영해줄게."

"뭐 전…… 따로 없습니다. 정해주시는 걸로 할게요."

짧은 대화가 오고간 뒤 눈만 껌뻑거리고 할 줄 아는 게 하나도 없었던 막내에게 전북 현대가 담당 팀으로 배정됐다. 그때는 전북이라는 팀명 정도만 아는 정도였다. 누가 뛰는지 감독이 누군지도 몰랐다. 선배들께서 정해주신 팀이니 일단 담당을 하면서 알아가는 수밖엔 달리 방법이 없었다.

보통 축구팀에서 가장 연차가 낮은 기자는 흔히 말하는 '별 볼일 없는 팀'을 맡게 된다. 이유는 두 가지 정도다. 사고 안 치고 조용하게 한 시즌을 보내는 팀을 맡기고 기자로서 트레이닝을 시키기 위함이다. 신입 기자는 일이 터졌을 때의 대처 능력이 떨어지기 때문에 그나마 별일이 없는 팀을 맡게 하는 것이 관례다. 또 한 가지의 이유는 진짜 '별'을 볼 일이 없는 팀이라는 의미이기도 하다. 스포츠에서 별은 곧 우승을 말한다. 우승권에 가까운 팀일수록 스포트라이트를 많이 받고 언론에 노출도 많이 된다. 전북은 1994년 창단 이후 내가 첫 담당을 맡았던 2008년까지 단 한 번도 K리그 정상에 서보지 못한 팀이었다. 만년 중위권을 전전하던 팀이라 성적에 대한 기대감도 크지 않았다. 축구팀 막내가 첫 담당을 하기에는 큰 무리가 없는 팀이었다.

2008년 3월 어느 날, 축구팀의 일원으로 처음 전북의 홈경기를 보려고 전주로 향하던 기억이 아직도 생생하다. 전주로 가는 길 내내 느꼈던 묘한 기분이 잊히지 않는다. 서울 강남버스터미널에서 전주행 고속버스를 타면 경부 고속도로를 거쳐 천안-논산 간 고속도로에 위치한 정안 휴게소에서 잠시 쉰다. 그리고 호남 고속도로를 통해 전주에 입성하게 된다.

전주에 거의 다다르면 전북의 클럽하우스가 위치한 봉동으로 향하는 표지판도 보인다. 전주성에 가려면 두 개의 문을 거쳐야 한다. 먼저 전주 나들목의 한옥문이다. 전주 요금소는 지역 특성을 십분 살려 한옥을 모티브로 지어졌다. 차들이 한옥 집을 통과하는 형태다. 고속버스를 타고 전주월드컵경기장에 갈 때는 전주 터미널이 아니라 앞서 호남제일문 정류장에서 내려야 한다. 호남제일문도 한옥 지붕으로 된 일주문이다. 전주에 거의 도착할 무렵 잠깐 졸면 '어느 문'을 지났는지부터 확인하던 기억이 난다. 경상도에서 나고 자란 나에게 전라북도 전주는 낯선 곳이었다. 하지만 담당 기자를 맡으면서 1년에 많게는 열다섯 번 정도 전주 출장을 갔기 때문에 언제부턴가 가장 친숙한 도시로 바뀌었다.

전북과 나의 인연이 그렇게 시작됐다.

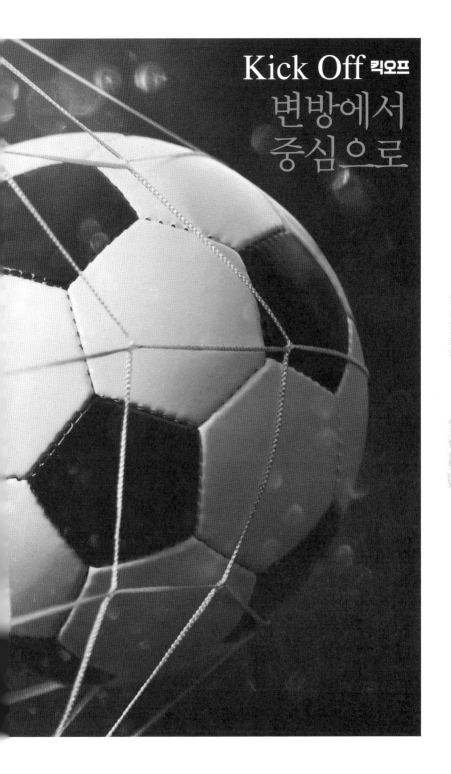

Kick Off 킥오프

변방에서
중심으로

　　돌이켜보면 전북 담당 기자를 맡게 된 것은 행운이었다. 2008년은 전북에게 아주 중요한 시점이었다. 전북을 두 시대로 나누는 변곡점은 아마 2008년일 것이다. 2007년까지의 전북이 암흑기였다면 2008년부터의 전북은 전성기라고 칭할 만하다.

　　2007년까지의 전북은 K리그 내에서도 변방에 가까웠다. 성적과 흥행 두 마리 토끼를 모두 잡지 못하는 구단이었다. 1994년 창단과 함께 불안한 출발을 보였고, 1997년 현대자동차가 대주주로 구단 경영 전면에 나서면서 비로소 안정을 찾기는 했다. 하지만 든든한 모기업을 둔 구단답지 않은 행보를 보여줬다. 2002한일월드컵을 발판으로 시작된 K리그 르네상스 시대 중에도 전북은 흥행 열풍에서 한발 비켜나 있었다. 2000년대 초중반만 해도 홈경기에 수백 명의 관중만 입장하기 일쑤였다.

무엇 하나 내세울 것이 없던 전북에 2005년 한 지도 자의 등장과 함께 변화의 바람이 불기 시작한다. 최강희 감독은 전북의 역사를 송두리째 바꿔놓았다. 2005년 중 반 전북의 지휘봉을 잡은 최 감독은 그해 FA컵 우승을 차 지한 뒤 이듬해 아시아축구연맹 챔피언스리그(ACL) 정상 에 오르면서 연이어 우승컵을 전북에 선물했다. 지금 와 생각해보면 2000년대 중반이라 가능했던 기적 같은 결과 였다. 아무리 단기전이라고 해도 리그 내에서도 볼품없던 구단이 아시아 정상 정복에 성공한 것은 정말 대단한 일 이었다. 중동과 중국 등 아시아 신흥 축구 시장에 대규모 자본이 투입되기 전이라 전북의 ACL 우승이 가능했다고 볼 수 있다. 물론 '역전의 명수'라는 별명이 붙을 정도로 엄청난 경기력을 보여줬기에 가능한 결과이기도 했다.

2006년 ACL 우승이 전북에게는 큰 자극제가 됐다. 이 후에도 가시적인 변화가 당장 보이진 않았지만 2008년 전 북은 대대적으로 리빌딩하며 새로운 출발점에 서게 된다.

당시 가장 눈에 띈 전력 보강은 공격수 조재진이었다. 국가대표 출신 조재진은 일본 J리그에서 활동하다 해외 진출 연장에 실패하면서 자유계약 신분으로 전북 이적을 선택했다. 당시만 해도 파격적인 행보였다. 수도권 구단이 아닌 지방 구단이 스타플레이어를 품었다는 것만으로도 화제가 될 만했다. 조재진을 필두로 최태욱, 신광훈, 강민수, 루이스 등을 차례로 영입하면서 선수단 개편을 한 전북은 이전과는 다른 모습을 보여주겠다는 의지를 표명했다. 부침이 있었지만 전북은 2008년 6강 플레이오프에 진출해 4위로 시즌을 마무리했다. 창단 이후 최고 순위였다. 선수단 변화라는 승부수가 성과를 내면서 투자에 대한 명분도 생기게 됐다.

비록 선두권에 뛰어들지는 못했지만 2008시즌은 극적인 막판 역전 우승을 거머쥔 2019시즌만큼이나 드라마틱했다. 전북은 리빌딩을 하며 야무지게 시즌을 시작했지만 개막 이후 두 달여 동안 최하위권을 벗어나지 못하면서 "역시 그렇지"라는 소리를 들었다. 5월 들면서 최하위권을 탈출하긴 했지만 10위권을 벗어나지 못한 상태로 결국 여름을 맞이했다. 당시 전북은 스테보, 제칼로 등 기존 외국인 선수들을 모두 내보내고 루이스, 알렉스, 다이치 등 새로운 용병들을 영입해 스쿼드에 대대적인 변화를 줬다. 그런 가운데 시즌이 막바지로 흐르던 9월 초 한 사건이 일어난다. 구단 직원과 저녁 식사를 마치고 숙소에 들어간 최강희 감독이 자신의 심경을 담은 장문의 글을 구단 홈페이지에 게재한 것이다. 최 감독은 당시 성적 부진에 대한 비난을 팬들로부터 많이 받던 시절이었다.

저는 전북을 지키면 안 되는 겁니까? 저는 영원히 전북 감독을 하면 안 되는 거지요? 저도 가끔 꿈을 꿉니다. 가슴에 별을 달고 축구판을 호령하는 모습. 우리 팬들의 영원한 숙제 리그 우승도 꿈꾸고, 다시 한 번 아챔 도전을 해서 역사를 다시 한 번 써보자. 2006년을 재현해보자. 그런 꿈을 꿉니다. (중략) 아직 시즌이 끝난 건 아니고요. 저 아직 죽지 않았어요. 이대로 쓰러지면 끈질기고 질긴 제가 아니겠지요. 환경에 의해 많이 약해지고 소심해졌지만 이기고자 하는 근성은 아직도 남부럽지 않거든요. 어려울수록 더 질겨지는 놈입니다.

취중진담이라는 말처럼 최 감독은 자신의 생각을 여과 없이 글로 옮겼다. 정제되지 않은 최 감독의 글은 민낯을 그대로 보여줬다. 2008시즌에 성과를 내지 못한다면 미련 없이 팀을 떠나겠다는 마음을 먹고 적어 내려간 글이었기에 진심이 묻어났다. 최 감독은 시간이 한참 흐른 뒤 인터뷰에서 당시를 이렇게 회상했다.

"취임 직후에 이어 2008년에 또 한 번 그만둘 생각을 했다. 그 시즌에 수원이 개막 5연승을 달리고, 나는 내리 4연패를 했다. 그때 여기까지가 전북 감독으로서 마지막이구나 싶었다. 최진철과 김현수가 은퇴하면서 계속 이겨야 할 경기를 졌다. 보다 못한 팬들이 들고 일어설 정도였다. 그렇게 하위권만 전전하던 9월 어느 날 술 한 잔 하고 숙소에 들어가서 새벽에 구단 홈페이지에 팬들에게 장문의 글을 썼다. 그때는 이제 내가 전북을 떠날 때가 됐다고 생각한 상황이었다. 그래서 팬들에게 넋두리를 한 거다. 비난의 대상이 된 감독의 마음을 당신들도 조금은 알아줬으면 하는 마음이었다."

모든 것을 내려놓은 듯 최 감독이 구단 홈페이지에 글을 쓴 이후 전북은 몰라보게 달라졌다. 선수들이 감독의 마음을 읽고 각성했는지는 미지수다. 하지만 확실한 것은 이전과는 완전히 달라진 팀이 됐다는 것이다. 끈끈한 조직력을 바탕으로 후반기 들어 승률 선두를 달린 전북은 가능성이 희박해보였던 6강 플레이오프 진출에 성공했고, 성남과의 플레이오프 첫 판을 승리로 장식하면서 반전의 시즌을 완성했다.

무언가를 알아가려면 시간이 필요하다. 나에게는

2008년이 전북을 알아가는 데에 큰 도움이 되는 시간이었다. 짧다면 짧고, 길다면 긴 시간이지만 변화의 기류가 분명히 느껴졌다. 강호로 발돋움하는 데 필요한 발판을 마련한 2008년 한 해 동안 전북은 나에게 연구 대상이었다. 4-3-3과 3-5-2의 차이를 알려준 구단이기도 했고, 볼란치가 왜 중요한 포지션인지를 깨닫게 해준 팀이기도 했다. 특히 K리그에서 그저 그런 구단이 더 이상 아니라는 것을 증명한 시간이었다.

1st Half 퍼스트하프
전반전

🎮 전설의 라이온 킹

이동국이라는 이름 석 자를 처음 알게 된 건 대부분의 축구팬들과 마찬가지로 1998프랑스 월드컵을 통해서였다. 10대 공격수였던 그는 처참한 성적표를 받아든 월드컵 무대에 혜성같이 등장하며 한국 축구의 기대주로 급부상했다. 월드컵에서 단 한 차례의 슛, 그것도 골문을 훌쩍 벗어난 슛으로 스포트라이트를 받은 것은 이동국이 아마 처음이자 마지막일 것이다. 그만큼 졸전 속에서도 당당했던 그의 한 방은 축구팬들의 뇌리에 깊게 새겨졌고, 축구대표팀에 대한 수많은 비판 속에서도 그나마 위안거리로 삼을 만한 소재가 됐다.

여하튼 그렇게 주목받기 시작한 이동국은 K리그의 전국구 스타로 떠올랐고, 이후 승승장구할 것이라는 예상이 지배적이었다. 하지만 20대 시절 그의 축구 인생은 모두가 알다시피 잘 풀리지 않았다. 부상과 슬럼프 때문에 '불운의 사나이'라는 꼬리표가 붙을 정도였다. 잉글랜드 프리미어리그 진출 이후 별다른 성과를 내지 못한 채 2008년 K리그로 복귀한 이동국은 성남에서 실망스러운 모습만 남기고 2009년 전북의 유니폼을 입게 된다.

전북으로 이적한 해 이동국의 나이는 만 서른 살이었다. 30세는 이립(而立)이라고 한다. 스스로 주관을 확고히 세워 주체적으로 판단하고 자기의 길을 간다는 뜻이다. 돌이켜보면 서른의 이동국에게 딱 들어맞는 말이다. 하지만 그때는 그런 생각을 미처 하지 못했을 것이다. 축구 인생이 잘 풀렸다면 최전성기를 구가했을 시기에 그는 떠밀리듯 낯선 유니폼을 받아들여야만 했기 때문이다.

10년이 훌쩍 지난 지금 생각해보면 그의 전북행은 축구 인생을 송두리째 바꿔놓은 결단이었다. 당시만 해도 이동국의 전북 입단은 의외의 결정으로 받아들여졌다. 전북은 당시 야심차게 선두권 진입을 노리던 시기라 유망주들을 성남에 내주는 대신 즉시 전력감인 김상식(현 전북 코치)과 이동국을 데려왔다. 기대만큼 우려의 목소리가 높았다. 30대에 접어든 공격수와 수비수를 데려와서 전력에 보탬이 되겠느냐는 의심의 눈초리가 적지 않았다. 특히 성남 시절 '한물갔다'는 이야기를 들을 만큼 경기력 저하가 확연해 보였던 이동국이 전북에서 부활할 수 있을지는 의문이었다. 담당 기자들 사이에서도 설왕설래가 오고 갔다. 이동국의 이미지가 자기중심적인 스타플레이어였기 때문에 팀에 녹아들 수 있을지도 물음표였다. 게다가 특별한 연고도 없는 전북이라는 팀에 온 것은 축구 인생을 건 승부수이자 도박이라고 볼 수밖에 없었다.

전북 이적 후 11년이 지난 지금, 그의 선택은 옳았다는 말로도 모자랄 정도로 대성공을 거뒀다. 이동국이 처음 전북 유니폼을 입었을 때 우리 나이로 마흔두 살에도 그라운드를 누빌 거라 예상한 사람은 아마 1퍼센트도 되지 않았을 것이다. 이동국이 부활에 실패해 30대 초반에 축구화를 벗을 것이라는 전망을 내놓는 호사가들도 있었다. 하지만 그는 모든 사람의 예상을 깨고 K리그의 살아 있는 전설로 역사를 써나가고 있다.

이동국은 전북에서 많은 것을 이뤄냈다. 프로 데뷔 이후 첫 우승의 기쁨을 안겨준 클럽은 전북이다. 그는 전북이 2019년까지 일곱 차례 K리그 정상에 오르는 동안 모든 우승 순간을 함께했다. 나는 전북 담당 기자 시절 이동국을 언급하는 기사에 '난세의 영웅', '해결사', '승리의 파랑

새'와 같은 표현을 자주 썼다. 그만큼 팀이 필요할 때 득점해서 자신의 존재감을 확실하게 어필하는 그런 선수였다. 그가 그라운드에 있는 동안은 언제든지 득점을 기대하게 하는 묘한 매력이 있었다.

1998년 포항에서 프로에 데뷔한 이동국은 2019시즌까지 K리그에서 537경기에 출전해 224골 77도움(2020년 2월 현재)을 기록 중이다. 224골은 K리그 통산 최다 득점이고, 301개의 공격포인트 또한 압도적인 1위를 달리고 있다. 그는 전북에 몸담으면서 목표로 세운 것은 거의 다 이뤄냈다. 어떻게 보면 거창한 목표보다 매 경기가 마지막이라는 심정으로 뛴 것이 대기록을 만들어낸 원동력이 됐을지 모른다. 통산 200호 골은 물론 300개의 공격포인트, 70골-70도움 등 전인미답의 기록을 쏟아내면서 이동국이 왜 불혹을 넘어서도 현역 생활을 이어가야 하는지를 스스로 증명하고 있다.

이동국을 지켜보면서 무엇보다 그의 꾸준함이 정말 대단하다는 것을 알았다. 그는 2009년부터 2018년까지 10년 연속으로 K리그에서 두 자릿수 득점을 올렸다. 이 기록은 오로지 이동국만 보유하고 있다. 통산 최다 득점만큼이나 앞으로 깨지기 쉽지 않을 기록이다. 아쉽게도

2019시즌에는 아홉 골에 그치며 연속 두 자릿수 기록이 10년에서 멈춰 섰다. 하지만 만 40세에 기록한 '아홉 골'은 화려했던 이전의 득점 기록보다 더욱 가치가 있다고 생각한다.

이동국의 롱런은 꾸준한 자기 관리에서 비롯된다. 그는 나이가 많아서 체력적인 문제가 발목을 잡는다면 미련 없이 은퇴하겠다는 뜻을 여러 차례 밝혀왔다. 2015년 8월 K리그 400경기 출전 직후 "나이 먹었다는 생각을 안 하면 된다. 나이가 들어서 회복이 힘들다면 은퇴를 준비해야 한다"고 단언했다. 그만큼 체력적인 면에서는 자신이 있었다. 그는 40대에 접어든 최근까지도 세월을 거스른다는 표현이 어울릴 정도로 체력적인 부분에서는 문제가 없다. 이동국과 함께 10년간 호흡을 맞춘 최강희 감독도 그의 남다른 회복 능력을 자주 이야기했다.

최 감독은 사석에서 "야간 경기 한 다음 날 아침 식사 시간에 보면 20대 어린 선수들도 힘들어서 얼굴들이 푸석해요. 근데 저 아저씨만 유독 쌩쌩하단 말이야. 생각할수록 신기해요. 뭐 혼자 좋은 거 먹는지 물어볼 수도 없고……"라며 입맛을 다신 적이 한두 번이 아니다.

흔히들 공격수는 골로 이야기한다고 한다. 득점이 모

든 것을 결정짓는다는 의미이기도 하다. 프로에서 20년 넘게 공격수로 활약한 이동국도 예외는 아니다. 공격수는 화려하지만 한편으로는 부담이 정말 큰 포지션이다. 골 세리머니를 펼치는 환희의 순간도 맛볼 수 있지만 결정적인 찬스를 놓치면 비난의 화살이 어김없이 날아들기 마련이다. 축구팬들에게는 이동국 하면 떠오르는 몇몇 장면이 있다. 그중 하나가 아마 남아공월드컵 16강전 우루과이와의 맞대결 경기 종료 직전에 아깝게 놓친 슛이다. 일명 '물 회오리 슛'이라고 불린 그 장면은 10년이 지난 최근까지도 종종 언급이 될 정도다. 이동국은 선수 생활을 하면서 많은 비난을 받아왔다. 하지만 그는 비난을 피하지 않았다. 그것이 공격수의 숙명이라 여겼기 때문이다. 그리고 그 비난을 또 다른 골을 통해 극복해왔다.

그의 축구 인생에는 국가대표팀이라는 연결고리가 채워져 있다. 프로 데뷔 후 20년 넘게 잘할 때나 못할 때나 항상 그와 태극마크에 관련된 이야기가 끊이지 않았기 때문이다. 이동국이 2009년 전북으로 이적한 뒤 부활에 성공하자 많은 축구팬들은 대표팀 합류를 기대했다. 2007년 7월 아시안컵 이후 대표팀의 부름을 받지 못하던 그가 다시 태극마크를 달 것이라는 예상이 지배적이었다. 무엇보다 2010남아공월드컵을 앞둔 시점이었기 때문에 이동국이 월드컵에 대한 한을 풀 수 있는 기회를 잡을 수 있을지에 관심이 모였다. 선수 선발은 감독의 고유 권한이지만 여론을 무시하는 것은 쉽지 않다. 2009년 이동국은 전북의 창단 첫 리그 우승을 이끌면서 생애 첫 득점왕까지 거머쥐었다. K리그 최고의 공격수라는 데 이견이 없을 정도로 맹활약을 펼쳤기 때문에 2009년 8월 2년 만에 대표팀에 합류하면서 태극전사로서 터닝포인트를 마련했다.

1998년 5월, 자메이카와의 평가전을 통해 A매치에 데뷔한 뒤 이동국은 꾸준하게 대표팀의 부름을 받아왔다. 아쉽게도 월드컵과는 좋은 인연을 맺지 못했다. 무명이던 열아홉 살에 프랑스월드컵에 참가하며 세계 최고 무대에 선다는 꿈이 눈덩이처럼 커졌지만 이어진 2002한일월드컵에서는 거스 히딩크 감독에게 외면받았다. 이동국의 최종 엔트리 탈락은 당시 언론에서도 많이 주목했다. 시간이 지난 뒤 이동국은 히딩크 감독에게 선택받지 못했을 때는 마음이 아팠지만 결국 축구 인생에 자양분이 됐다며 자신을 위로하기도 했다.

안방에서 열린 월드컵에서 주인공이 되지 못한 그는 절치부심 끝에 부활에 성공하면서 2006독일월드컵만을 기다렸다. 전성기에 접어든 그의 경기력을 지켜보면서 많은 축구팬들도 크게 기대했다. 하지만 이번에는 부상에 발목이 잡혔다. 월드컵 본선을 불과 2개월 남겨두고 무릎 인대가 파열돼 꿈을 접어야만 했다. 30대에 접어든 2010년, 남아공월드컵에 참가했지만 그에게 주어진 조커라는 역할은 어색했다. 그 때문인지 그의 장기인 골 결정력마저 무뎌지면서 결국 대표팀의 원정 대회 사상 첫 16강 진출에도 이동국은 환하게 웃지 못했다.

이전보다 어린 선수들이 주축이 된 2014브라질월드컵에서 선택을 받지 못한 그에게 사실상 축구 인생의 마지막이라고 평가받던 2018러시아월드컵을 앞두고 기회가 찾아오는 듯했다. 하지만 당시 대표팀을 이끈 신태용 감독은 월드컵 본선을 앞두고 이동국을 최종엔트리에 발탁하지 않겠다는 뜻을 일찌감치 밝혔다.

월드컵 최종예선 막바지에 소방수로 대표팀 지휘봉을 잡은 신 감독은 본선행이 걸린 마지막 두 경기를 앞두고 베테랑 이동국을 3년 만에 호출했다. 비록 두 경기 모두 무승부를 거뒀지만 그래도 위기에 처해 있던 대표팀은 목표인 월드컵 본선행을 이뤄냈다. 9회 연속 월드컵 본선 진출에는 이동국의 기여도가 적지 않았다.

2018시즌 초반 이동국이 득점 사냥에 열을 내면서 경기력으로만 따지면 최종엔트리 경쟁에 충분히 뛰어들 수 있다는 여론이 형성됐다. 이동국은 한결같이 자신이 축구화를 벗기 전까지는 국가대표팀 은퇴는 없다고 단언해왔기 때문에 최종엔트리 조기 탈락 소식을 접한 축구팬들의 아쉬움도 적지 않았다. 이동국도 "월드컵만 안 나가는 것뿐이다. 축구를 언제 그만둘지 모르지만 항상 경쟁은 해야 한다"면서 태극마크를 포기하지 않았다는 점을 분명히 하기도 했다.

이동국은 20년간 A매치를 뛰었지만 공백 기간도 많았다. 특히 2013년 6월 99번째 A매치를 치른 뒤 1년 3개월 만에 센추리 클럽 가입 기회를 얻었고, 2014년 10월 이후에는 무려 3년여 동안 대표팀의 부름을 받지 못한 시기도 있었다. 시간이 갈수록 이동국과 대표팀의 거리는 점차 멀어졌고, 그 때문에 축구팬들도 더 이상 국가대표 유니폼을 입은 그를 볼 수 없을 것이라는 생각을 많이 한다.

하지만 잊고 있는 사실이 하나 있는데 이동국은 아직 국가대표팀 은퇴를 하지 않았다. 언제든 다시 태극마크를 달 수 있다는 뜻이다. 그의 A매치 출전 기록은 2017년 9월 5일 열린 우즈베키스탄과의 러시아월드컵 아시아지역 최종예선 최종전에 멈춰 있다. 하지만 그것이 끝은 아니다. 전북의 유니폼을 입고 있는 한 그에게는 대표팀 승선이라는 가능성이 여전히 존재한다고 생각한다. 어쩌면 이동국에게 축구 선수로서 이루지 못한 목표가 딱 하나 있을 것이다. 그는 예전 인터뷰에서 이런 이야기를 한 적 있다.

"올림픽, 아시안게임 등 그동안 모든 대회에서 골을 넣어봤지만, 월드컵 본선에서는 못 해봤다. 그래서 선수로 뛰는 한 국가대표로서 은퇴를 생각하고 싶지 않다."

이동국의 월드컵 역사는 본선 세 경기, 51분 출전에 멈춰 있다. 1998프랑스월드컵 조별리그 2차전 네덜란드와의 대결에서 후반 32분 서정원을 대신해 교체 투입되면서 세계 최고의 무대를 밟았다. 12년 뒤인 2010남아공월드컵 조별리그 2차전 아르헨티나전과 16강전 우루과이전에서는 후반 교체로 출전 기회를 잡은 것이 전부다. A매치에 출전한 105경기 가운데 월드컵 예선은 무려 19경기다. 그는 한국 축구가 월드컵 본선으로 가는 과정에는 항상 기여했지만 결국 꿈의 무대를 충분히 누리지 못했다.

기자라는 신분을 떠나 이동국은 실제로 만나보고 싶은 선수였다. 2008년 현장에서 처음 이동국을 만났는데 축구 선수답지 않은 외모에 먼저 눈길이 쏠렸다. 전형적인 '미남형'이라는 생각이 가장 먼저 들었다. 물론 축구도 기가 막히게 잘하는 선수다. 흔히 이야기하는 골 냄새를 잘 맡는 공격수다. 처음 전북 담당을 맡고 나서 여러 선배에게 이동국의 '까칠함'에 대한 이야기를 들었다. 20대 때는 어쨌다더라, 너무 일찍 떠서 어떻다더라 식의 이야기들이었다.

축구 선수들은 일반적으로 기자들을 반기지 않는다. 매일같이 자신의 이름을 포탈사이트에서 검색해보는 선수도 있지만 반대로 자신의 기사가 나오는 것을 별로 좋아하지 않는 선수도 있는 것으로 안다. 아무튼 이동국은 기자 사이에서는 가까이 하기엔 다소 멀리 있는 선수였다. 전북 담당을 하면서 여러 차례 전화 인터뷰를 했기에 연락처를 갖고 있지만(번호가 맞는지는 의문이다) 구단이나 에이전트를 통해 약속한 시간 이외에는 단 한 번도 연락을 해보지 못했다.

하지만 그는 기자들을 피하지 않는 스타일이었다. 이동국에 대한 추억은 좋은 것만 남아 있는 것 같다. 좋은 시절을 함께했기 때문일 것이다. 전북 담당을 하는 동안 이동국에게 "요즘 축구할 맛 날 것 같다"는 이야기를 가장 많이 한 것 같다. 전북에 몸담은 이후 모든 것이 순탄했다. 물론 만족할 수 없는 시즌도 있었겠지만 그래도 외부에서 보는 이동국은 20대 시절과는 완전히 달랐다.

나뿐 아니라 기자들은 이동국과의 인터뷰를 좋아했다. K리그 최고 스타플레이어라는 점도 그랬지만 베테랑으로 자리를 잡으면서부터 자신의 생각을 거침없이 이야기하는 모습이 높은 점수를 받았다. 사람은 보통 뭔가 문제가 있어도 괜히 나섰다가 손가락질을 받을까 봐 넘어가는 경우가 많다. 축구계도 마찬가지다. 하지만 누군가가 용기 있게 총대를 메주면 상황이 달라질 수 있다. 그래서인지 2014년 10월 이동국과의 인터뷰가 더욱 기억에 남는다.

A매치 기간에도 K리그 경기를 진행한다는 일정에 대한 우려의 목소리가 컸던 상황에서 대표팀의 일원인 이동국은 쓴소리를 마다하지 않았다. 아마 이동국이 아니면 못 했을 이야기였다. 그는 당시에 대표팀에 합류해 K리그 경기를 뛸 수 없는 선수의 박탈감을 전하면서 "내년부터가 아니라 다음 달부터 일정을 조정해야 한다"고 강력하게 주장했다. 쉽게 할 수 없는 발언이었지만 분명 누군가는 해야 할 이야기였다. 그의 솔직한 생각이 축구계에 미

치는 파급력은 컸다. 어떤 분야든 자기 목소리를 낼 줄 알고, 자신 있게 소신을 밝힐 줄 아는 인물이 필요하다. 이동국은 그래서 더 가치 있는 선수로 평가받는다.

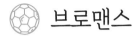 브로맨스

10년이면 강산이 변한다. 그
만큼 긴 시간이라는 뜻이다. 프로의 세계에서 의리와 정
(情)을 찾기란 쉽지 않다. 그래서인지 사제 관계도 길게
이어지기 어렵다. 하지만 전북의 전성기를 이끈 최강희
감독과 이동국은 10년이라는 시간을 함께했다. K리그에
서는 좀처럼 보기 힘든 관계다. 둘을 흔히 말하는 사제 관
계란 말로 단정짓기에는 부족하다. 남자끼리 갖는 매우
두텁고 친밀한 관계를 뜻하는 브로맨스라는 표현이 가장
적절할 것 같다. 최강희 감독과 이동국의 브로맨스는 K리
그 역사의 한 페이지를 썼다고 해도 과언이 아니다. 30대
에 접어들어 전북 유니폼을 입은 이동국은 마흔을 훌쩍
넘겼다. 2009년 그가 처음 전북행을 선택했을 때 최강희
감독의 설득이 큰 부분을 차지했다. 잉글랜드 프리미어리

그에서 빈손으로 돌아온 이동국은 성남에서 박수보다 비난을 더 많이 받았다. 움츠러들 수밖에 없는 상황에서 이동국에게 손을 내민 사람이 최강희 감독이었다. 어찌보면 더 이상 추락할 곳이 없던 이동국에게도 터닝포인트가 필요했다. 이동국은 전북 입단 기자회견에서 "최 감독님을 믿고 왔다"고 할 정도로 큰 인연이 없었던 스승에 의지했다.

둘은 의기투합했지만 사실 성공을 보장하기는 힘들었다. 최 감독은 확신에 차 있었지만 밖에서 보기에는 도박에 가까웠다. 하지만 그들을 둘러싼 우려는 오래가지 않았다. 최 감독과 이동국이 함께한 첫 시즌을 통해 모든 물음표는 느낌표로 바뀌었다. 전북은 창단 이후 첫 K리그 우승을 달성했고, 팀의 에이스로 우뚝 선 이동국은 화려하게 부활했다. 그는 2009시즌 프로 데뷔 이후 첫 득점왕과 함께 우승의 공을 인정받아 최우수선수(MVP)로 선정되면서 생애 최고의 시즌을 보냈다.

2009시즌을 거치며 두 남자의 신뢰는 더욱 돈독해졌다. 시즌 직후 두 남자는 서로를 치켜세웠다. MVP를 차지한 이동국은 "부활할 수 있도록 도와준 전북 최강희 감독님께 감사드린다"고 고개를 숙였고. 최 감독은 "이동국의 부활이 없었다면 우승이 힘들었을 것"이라면서 제자에게 공을 돌렸다.

이들에게는 눈에 보이지 않는 끈끈한 무언가가 항상 있었다. 그것이 인생에 영향을 주는 중요한 결정을 하는 데 영향을 끼치기도 했다. 전북에서 제2의 전성기를 맞은 이동국은 중국과 중동 클럽으로부터 여러 차례 러브콜을 받았다. 2009년 이후 이동국은 K리그를 대표하는 공격수로 확고히 자리매김했다. 2010년대 들어 중국과 중동리그에 대규모 자본이 투입되면서 K리그에서 검증된 선수들을 영입하려는 시도가 줄을 이었다. 한때 중국과 중동은 K리그 선수들에게 '엘도라도'라고 불릴 정도로 누구나 가고 싶어 하는 무대였다.

축구 선수의 경우 롱런을 한다고 해도 대부분이 30대 중반 정도에 은퇴를 고려한다. 흔히 운동밖에 모르던 선수들이 은퇴하면 이후 생계가 막막해진다고들 한다. 그래서 현역으로 있을 때 최대한 연봉이나 처우가 좋은 팀을 선택하려 한다. 이동국은 30대에 접어들어 전북에 왔기 때문에 거액의 연봉을 제시하는 해외 클럽들의 제안이 솔깃할 수밖에 없다. 프로는 곧 돈이다. 선수의 가치는 이적료와 연봉에서 판가름 나기 때문이다. 자신의 가치를 높게 쳐주는 구단의 유니폼을 입는 것은 당연하다. 하지만 이동국은 선수 생활 황혼기에 찾아온 기회를 모두 거절했다. 그 이유는 단 한 가지였다. 최 감독과의 의리를 지키겠다는 것이다. 자신의 부활을 도운 지도자를 두고 자신만의 이익을 쫓아갈 수 없다는 생각 때문이었다. 최 감독은 언젠가 이동국에게 거액의 이적 제안이 왔다는 소식을 접하고는 "전북을 떠나면 얼마 못 가서 발병이 날 거라고 전해 달라. 아니면 나까지 데려가야 한다"면서 우스갯소리로 애정을 드러냈다.

최 감독은 언젠가부터 이동국을 제자가 아니라 가족이라고 했다. 그만큼 가까웠고, 믿음이 강했다. 최 감독은 사석에서 이동국이 언젠가 축구화를 벗는다면 전북의 사령탑이 돼 축구 인생을 새롭게 시작했으면 한다는 바람을 전하기도 했다. 최 감독과 이동국은 처음 만난 2009년 한해 동안 많은 이야기를 나눴다. 서로에 대해 알아가는 시간이었다. 그리고 이후에는 자주 소통을 하지 않아도 됐다. 눈빛만 봐도 어떤 생각을 하고 있는지 알았기 때문이다. 최 감독은 서슴없이 "동국이랑은 바라보기만 해도 좋은 사이"라고 이야기할 정도였다.

이동국은 전북에 온 뒤 항상 자신보다 팀을 먼저 생각

했다. 출전 기회가 다소 줄어들더라도 자신의 뛸 수 있는 시간 안에서 최선을 다했다. 그런 모습에 최 감독도 많은 신뢰를 보냈다. 10년을 함께하는 동안 서로가 서로를 의지하고, 미안해하고 고마워했다.

최 감독과 이동국의 브로맨스는 2018시즌을 마지막으로 잠시 쉼표를 찍었다. 최 감독이 중국 슈퍼리그로 진출하면서 둘의 사제 관계는 10년에서 멈췄다. 최 감독이 전북을 떠나기로 결정하자 축구계에서는 이동국에게 시선이 쏠렸다. 워낙 둘도 없는 관계라 최 감독의 공백에 큰 영향을 받을 것이라 예상됐기 때문이다. 고별전에서 최 감독과 이동국은 뜨거운 눈물을 쏟아내면서 이별을 아쉬워했다. 10년 동안 수많은 추억을 공유한 둘은 헤어짐이 고통스러운 듯했다. 이동국은 "아마 감독님이 안 계셨다면 전북은 평범한 팀에 머물렀을 것이다. 감독님과 마지막이라고 생각하니 감정이 북받쳐 올랐다. 함께했던 시간이 떠올랐다"고 말했다.

최 감독은 고별전을 마지막으로 중국으로 향했다. 전북을 떠난 최 감독의 행보는 순탄치 않았다. 시즌 중에 팀을 옮기는 등 롤러코스터와 같은 1년을 보냈다. 다행히 시즌 중반 다롄 이팡에서 상하이 선화로 자리를 옮기면서 전북에서 한솥밥을 먹던 공격수 김신욱을 데려간 것이 전환점이 됐다. 김신욱 카드는 적중했고, 결국 상하이 선화는 FA컵 정상을 차지하면서 최강희 감독은 첫 시즌에 우승컵을 들어올렸다.

최 감독은 시즌 직후 국내 취재진과 오랜만에 만난 자리에서 이동국에 대한 애정을 다시 한 번 드러냈다. 그는 "이동국이 조금만 어렸어도 김신욱은 중국에 못 왔다. 동국이가 마흔 살이 넘는 바람에 어쩔 수 없었다"면서 여전한 마음을 전했다.

최 감독과 이동국의 브로맨스는 마침표를 찍지 않았다. 앞으로 감독과 선수의 관계는 물론 또 다른 역할로 만나 다시 의기투합할 기회는 여전히 열려 있다. 언젠가 운명처럼 다시 둘이 만나게 된다면 지난 10년의 추억들이 더욱 빛나게 될 것이다.

봉동 이장의 눈물

　　　　　　　　　　감독은 외로운 자리라고 한
다. 선수단의 수장으로서 모든 것을 결정하고, 또 책임져
야 하는 위치기 때문이다. 축구 지도자들은 누구나 K리
그 감독을 원한다. 한국 축구계에서 K리그1 감독은 딱 열
두 명뿐이다. 후보는 넘쳐나지만 그 자리에 앉을 수 있는
사람이 극소수라 더 탐이 날 수밖에 없다. 그래서 지도자
들에게 K리그 사령탑은 로망이다. 하지만 그들이 원하는
K리그 감독직은 '독이 든 성배'나 마찬가지다. 성적의 노
예가 될 수밖에 없기 때문이다. 시즌 시작 때 세운 목표가
이뤄지지 않거나 달성하지 못할 분위기가 조성되면 감독
은 여지없이 지휘봉을 내려놓는다. 감독이 시즌 중에 자
진사퇴하는 경우는 많지 않다. 대부분 협의를 통해 자의
반 타의반으로 팀을 떠나거나 성적 부진이라는 덫에 걸려

쫓겨나듯 그만두는 경우가 더 많다.

K리그 사령탑의 평균 재임 기간은 1년 6개월 정도다. 자신의 축구를 제대로 펼쳐보기 힘든 시간이다. 현장에서 뛰는 축구 관계자들은 '팬과 구단은 기다려주지 않는다'는 말을 자주 한다. 한국 축구계는 시간을 갖고 한 지도자가 팀 컬러를 바꾸고, 체질을 개선할 수 있는 시간을 충분히 주지 않는다는 의미다. 눈에 보이는 가시적인 성과, 즉 성적이 최우선이다. 감독 입장에서는 매 시즌, 매 경기가 고비다. 직전 해에 엄청난 성과를 낸 감독도 해당 시즌에 성적부진에서 헤어나지 못하면 자리에서 물러나야 하는 것이 승부의 세계다.

감독의 무덤이라고 불리는 K리그에서 최강희 감독은 특별한 존재였다. 그는 동료 사령탑들이 성적 부진을 이유로 떠나갈 때마다 마음 아파했다. 그리고 남의 일로 치부하지 않았다. 최 감독은 동료 사령탑이 경질되면 "감독이 마술사는 아니잖아요"라는 이야기를 자주 했다. 감독의 욕심은 끝이 없다. 물론 구단과 조율해서 전력과 스쿼드 구성을 하지만 사령탑 입장에서는 항상 아쉽기 마련이다. 지원이 부족해도 구단의 기대는 항상 높다. 그 괴리감이 결국 감독의 자진사퇴나 경질로 이어졌다.

2년만 버텨도 성공했다는 평가를 받는 K리그에서 최 감독은 한 팀에서 무려 14년의 세월을 보냈다. 그리고 새롭게 도전하고자, 박수칠 때 그 자리를 떠났다는 점이 더 대단하다.

K리그 최장수 사령탑이라는 타이틀을 가진 최 감독은 전북을 설명할 때 없어서는 안 될 존재다. 이제는 전북을 떠났지만 그의 이름은 아직도 자주 언급되고 있다. 최 감독의 전북 시절 별명은 '봉동 이장'이었다. 클럽하우스가 있는 전라북도 완주군 봉동읍의 지역명을 따서 만든 별칭이었는데 최 감독은 자신이 '봉동 이장'이라 불리는 것을 아주 좋아했다. 우승을 한 뒤 밀짚모자와 장화를 신고 '봉동 이장' 코스프레를 한 적도 있다. '강희대제'라는 별명도 있었지만 '봉동 이장' 이미지가 워낙 강했다. 2015년 6월, 취임 10주년 인터뷰를 앞두고 사진이라도 차별화하고자 나는 직접 시장을 뒤져서 밀짚모자를 구해 가기도 했다. 기사도 기사였지만 밀짚모자를 쓴 최 감독의 사진을 보고 다들 만족해하던 기억이 난다.

최강희 감독을 지켜보면서 인상적이었던 점은 두 가지다. 첫 번째는 진한 스킨향이다. 최 감독은 가발로 오해를 받을 만큼 흐트러짐 없는 2대8 가르마 헤어스타일을 고수

한다. 개인적으로는 헤어스타일보다 향이 더 기억에 남는다. 경기 전 감독실에서 사전 인터뷰를 하거나 행사장에 최 감독이 나타나면 은은하게 스킨향이 퍼졌다. 한 번은 스킨향 때문에 혹시 사우나를 좋아하시냐고 물은 적도 있다. 말끔하게 정리한 헤어스타일만큼이나 흐트러지는 모습을 본 적이 없다.

최 감독의 선수 시절 기록을 찾아보면 술, 담배를 즐겼다는 이야기가 많이 나온다. 하지만 지도자가 된 최 감독은 달랐다. 술을 좋아하지 않아 담당 기자들과 회식을 하는 경우가 많지 않았다. 하지만 우승 직후나 중요한 시점에는 반주를 곁들인 식사를 하곤 했는데 최 감독은 어느 정도 분위기가 무르익으면 먼저 자리를 떴다.

최 감독하면 떠오르는 또 한 가지는 위트다. 어디서든 그는 분위기 메이커였다. 최 감독이 기자들에게 인기가 많은 이유 중 하나다. 적어도 최 감독은 뻔한 답을 내놓지 않았다. 한 시즌을 보내다 보면 개막 미디어데이를 시작으로 수많은 인터뷰가 진행된다. '말의 홍수'지만 거기서 쓸 만한 것은 많지 않다. 물론 기자들의 입장에서다. 하지만 최 감독은 취재진의 가려운 부분을 아주 잘 긁어주는 지도자였다. 민감한 사안을 묻더라도 누구의 눈치도 보지 않고 자신의 주장을 펼치는 모습이 보기 좋았다.

최 감독은 위트가 몸에 베어 있었다. 일부러 꾸며서 이야기하는 것이 아니라 자연스럽게 나오는 말들이 듣는 사람으로 하여금 미소를 짓게 했다. 수많은 이야기 가운데 하나를 꼽자면 2018년 8월 자카르타-팔렘방 아시안게임 기간 중 최 감독의 발언을 꼽을 수 있다. 당시 박항서 감독이 이끌던 베트남과 김학범 감독이 이끄는 한국이 남자축구 4강전 맞대결을 앞두고 있었다. K리그 경기를 앞둔 사전 인터뷰 시간에 최 감독은 한국과 베트남의 맞대결 전망에 대한 질문을 받았다. 다른 지도자 같으면 "두 분이 워낙 좋은 지도자라 명승부가 예상된다" "베트남도 잘하지만 한국이 이겨서 금메달을 따야 하지 않겠나" 등의 원론적인 답변을 했을 가능성이 높다.

하지만 최 감독은 달랐다. 시작부터 솔직했다. "손흥민이 군대를 안 가야 하니 한국이 이겨야 한다"고 입을 열었다. 당시 아시안게임의 최대 화두는 손흥민의 병역 면제 여부였다. 아시안게임 금메달을 따야 병역 혜택을 받을 수 있기 때문에 결승에 진출하지 못하면 당장 한국 축구의 대들보인 손흥민은 군 입대를 해야 하는 상황이었다.

손흥민을 걱정한 최 감독은 당시 준결승 전망을 이렇

게 내놨다. "엄마가 좋냐, 아빠가 좋냐 하는 그런 식의 질문이다"라면서 "(박)항서 형은 머리가 다 빠졌다. 반면 (김)학범이는 아직 머리가 더 남아 있다. 스트레스 받으면 머리가 더 빠질 것 같기 때문에 김 감독을 응원하겠다"면서 한국의 승리를 염원했다. 최 감독은 박항서 베트남대표팀 감독, 김학범 올림픽대표팀 감독과 막역한 사이다. 살얼음판과 같은 승부의 세계에서 위트가 갖는 힘은 대단하다. 오히려 모두가 긴장하는 상황에서 던지는 위트는 위력이 더 크다. 그래서인지 최 감독에게는 인터뷰 요청이 끊이지 않았다. 그리고 그의 곁에는 언제나 많은 사람들이 모였다.

하지만 위트 때문에 곤경에 빠진 적도 있다. 분위기를 전환하려고 던진 농담 같은 이야기가 기사화돼 자신의 의도와는 다른 의미로 받아들여지기도 했다. 그는 취재진과 허물없이 대화를 이어가는 스타일이다. 가령 "이 부분은 비보도를 전제로 해주세요" "이건 우리끼리만 아는 걸로 합시다"라면서 말조심을 하는 축구인도 더러 있다. 최 감독은 취재진들이 알아서 농담을 걸러줄 거라 믿고 편하게 이야기를 나눈다. 하지만 그 믿음이 부메랑처럼 돌아오는 경우가 가끔 있었다. 그럴 때마다 최 감독의 입이 조금씩

무거워지기도 했다.

최강희 감독은 여간해서 눈물을 보이지 않는 지도자다. 그래서 한 번은 대놓고 물어본 적이 있다. 전북 사령탑을 맡은 뒤 운 적이 있느냐고. 그의 대답은 이랬다.

"사실 우승하면 한 번씩 울어야지 생각하는데 이상하게 결정적일 때 울음이 안 나온다(웃음). 딱 한 번 운 적이 있다. 2007년으로 기억한다. 광양 원정을 갔는데 우리 선수 두 명이 퇴장당하고 졌다. 경기 끝나고 원정 온 서포터들에게 인사하러 갔는데 거기 있던 여학생 네다섯 명이 우는 모습을 봤다. 그때 그 팬들을 보면서 나도 눈물이 나더라. 마음이 아프고, 정말 잘해야겠다는 생각을 했다. 사실 눈물을 안 들키려고 나름 애를 썼다. 그런데 다음 날 훈련장에 그 친구들이 와서 '감독님 우는 거 봤어요'라고 해서 당황했다. 그때 눈물을 같이 흘렸던 팬들은 요즘도 가끔씩 사석에서 만난다."

타고난 승부사인 최 감독은 승패에 일희일비하지 않는 지도자다. 아무리 중요한 경기에서 승리해도 한 시간 또는 오늘 하루만 만족하자는 생각을 한다고 한다. 패배의 아픔도 길게 가지고 가지 않는 스타일이다. 경기 종료 휘슬이 울리고 라커룸에서 고생한 선수들의 얼굴을 보면 패배의 아쉬움이 어느 정도 사그라진다. 그리고 경기장 밖으로 나오는 순간 경기 결과를 잊어버리려고 노력한다.

경기장 안에서 그렇게 강철 멘탈을 유지하던 그가 팬들의 눈물을 보자 감정을 추스르지 못했다. 담당 기자 시절 클럽하우스에 가면서 보면 항상 팬들이 선수단의 훈련을 지켜보려고 삼삼오오 모여 있었다. 훈련에 방해되지 않기 위해 아주 작은 소리도 내지 않고 멀찌감치 서서 지켜볼 뿐이었다.

전라북도 완주군 봉동읍에 자리한 전북의 클럽하우스는 전주월드컵경기장에서도 차로 30여 분 정도 걸리는 곳에 있다. 접근성이 좋지 않지만 팬들의 발걸음은 끊이지 않는다. 클럽하우스를 찾는 팬들은 선수보다 최강희 감독을 만나고 싶어 한다. 훈련이 종료되면 선수들은 회복과 휴식을 취하러 숙소로 향하지만 최 감독은 항상 그라운드 끝자락에 모여 있는 팬들에게 다가갔다. 팬들과 소통하면서 먼 곳까지 찾아와준 것에 대한 고마움을 전했다. 최 감독은 중고등학생들이 클럽하우스를 찾으면 돌아가는 길을 걱정해 교통비를 챙겨줄 만큼 정이 많았다.

2007년 남몰래 눈물을 흘렸던 최 감독은 이후 11년 만에 다시 눈물을 보였다. 이번엔 그뿐만 아니라 선수, 팬까지 모두가 눈물을 쏟아냈다. 최 감독이 14년간의 전북 생활을 마무리하는 마지막 홈 경기에서였다. 2018년 12월 2일 전주월드컵경기장에서 열린 전북-경남전은 울음바다가 됐다. 평소 눈물이 없던 최 감독이 경기 전 라커룸 미팅에서부터 제자들을 보자마자 눈물을 쏟을 정도였다. 중국 슈퍼리그 진출을 확정한 뒤 담담하게 떠나겠다는 마음을 먹었지만 전북과 함께한 세월이 길었던 만큼 이별의 순간이 믿기지 않았다. 최 감독은 경기 직후 선수 한 명 한 명을 품에 안으며 미안함과 고마움을 전했다. 그리고 팬들에게 마지막 인사를 남길 때는 여러 차례 말을 잇지 못할 정도로 감정이 북받쳐 올랐다.

최강희 감독은 전북을 사랑했다. 오죽하면 월드컵대표팀 사령탑 자리에 앉을 수 있는 기회를 한국 축구 역사상 처음으로 거부하고 전북 복귀를 원했을까. 시즌이 끝난 뒤 휴가 기간이 되면 최 감독은 농담 삼아 "집에 한 일주일 있었더니 가족들 눈치가 보여서 일찍 봉동으로 내려왔다"고 할 정도로 항상 팀을 걱정하던 그였다. 언제나 최 감독의 머릿속에는 전북이 있었다. 그런 그가 정들었던 전북을 떠나겠다고 마음먹은 것은 의외였다.

최 감독은 언젠가 인터뷰에서 전북과의 마지막에 대한

이야기를 전한 적이 있다.

"생각해보긴 했지만 사실 공상 같은 거다. 어떤 식으로 해도 마지막이 아름다울 수는 없다. 구단에서 어떤 시점에 미래를 준비해야 한다면 기꺼이 나도 거기에 부응해야 한다. 내가 만약 팀에 저해가 되는 존재라면 윗사람에게 잘 보여서 구질구질하게 1년 더 있고 싶진 않다. 많은 시간이 지나다 보니 어디 다른 팀에 가지도 못할 것 같다. 전북이 감독으로서 처음이자 마지막 클럽이 될 것 같다. 내가 가장 두려운 것은 나 스스로가 현실에 안주할까 봐서다. 한 팀에 오래 있다 보면 선수들이 나에 대한 적응력이 생겨서 적당히 해버리고, 긴장감도 사라진다. 항상 나는 자책을 하고, 이 팀에 오래 있는 것이 맞는 것인가를 되돌아본다. 나 같은 경우에는 전북과의 마지막도 생각해야 한다. 시작은 불투명했지만 이제는 팀 자체가 커졌다. 감독들은 다들 아름다운 마무리를 꿈꾸지만 그런 게 어딨겠나. 오래 있으면 다들 민폐다(웃음). 인간은 한 번 태어나면 죽는다. 감독은 한번 지휘봉을 잡으면 언젠가는 잘린다. 맨유의 퍼거슨 감독은 자기가 먼저 손들고 나간 거다. 그런 장면을 누구나 꿈꿀 수는 있지만 이룰 수 없는 꿈이라고 생각한다."

그가 걱정했던 전북과의 불편한 엔딩은 다행히 현실이 되지 않았다. 오히려 이룰 수 없는 꿈이라고 했던 스스로 지휘봉을 내려놓는 결정을 통해 결별의 시간이 찾아왔다. 하지만 현실에 안주할까 봐 두려워하던 그의 모습은 현실이 됐다. 그리고 그 두려움이 결국 새로운 도전으로 이어졌다. 2018시즌 챔피언에 오른 직후 최 감독은 "이전 우승 때와는 분위기가 다르다"면서 변화의 시간이 다가왔음을 인정했다.

10년 동안 여섯 차례 우승을 거머쥐며 전북을 K리그의 최강팀으로 만든 최 감독은 더 이상 목표를 설정하기 힘들다는 생각을 한 것 같다. 물론 아시아 무대 정벌이라는 목표를 갖고 있었지만 K리그 무대에서 자신과 선수들이 예전처럼 동기 부여된다는 것이 더 이상 쉽지 않다는 판단을 내렸을 것이다. 그래서 새롭게 도전하고자 전북과의 이별을 선택했다.

결정 과정은 어려웠을 것이다. 지도자로서도 적지 않은 나이에 모든 것을 내려놓고 다시 시작한다는 것이 말처럼 쉽지 않기 때문이다. 그렇게 전북을 일으켜 세웠던 최 감독은 봉동을 떠났다.

재활 공장장과 그의 제자들

　　　　　　　　　14년간 한 직장에서 생활했다
면 직장 내 구성원과 다양한 관계를 맺을 것이다. 전북에
서 14년의 세월을 보낸 최강희 감독은 제자들에게 존경받
는 지도자였다. 그는 입버릇처럼 제자들에게 미안함을 전
했다. 최 감독은 전북의 사령탑을 맡으면서 수많은 제자
들과 만나고 헤어졌다. 오랫동안 한 팀을 맡은 만큼 제자
들과 많은 스토리를 만들어내기도 했다. 그와 인연을 맺
은 세 제자의 이야기를 해보려고 한다.

　2009년 11월 2일은 전북이 창단 후 첫 정규리그 1위를
확성한 날이있다. 경남FC와의 홈경기에서 승리를 따내 챔
피언결정전으로 직행한 전북 선수단은 경기 직후 서포터
석으로 향해 기쁨을 나눴다. 응원가를 부르고, 선수들의
이름을 연호하면서 분위기가 무르익던 찰나에 최 감독은

갑자기 셔츠를 벗기 시작했다. 모두가 의아해하던 상황이었다. 그는 셔츠 안에 유니폼을 입고 있었다. 배번 22번인 미드필더 김형범의 유니폼이었다. 최 감독이 그의 유니폼을 셔츠 안에 입고 있었던 이유는 단 하나였다. 환희의 순간을 함께하지 못한 제자의 아쉬움을 이렇게라도 달래주고 싶어서였다.

2006년 전북의 아시아축구연맹 챔피언스리그 우승의 주역인 김형범은 이후 부상 탓에 고난의 시간을 보냈다. 2009년에도 길고 긴 재활 끝에 기다리던 복귀전을 가졌지만 경기 투입 10분 만에 다시 무릎 인대가 파열되는 큰 부상을 입고 말았다. 결국 김형범은 팀이 첫 우승을 차지한 2009시즌 단 한 경기, 10분 출전 기록을 남긴 채 사라졌다.

2004년 울산에서 프로에 데뷔한 뒤 2006년 전북의 유니폼을 입은 김형범은 최 감독에게 '믿을맨'이었다. 힘든 시절을 함께 보내면서 아시아 무대 정상에 섰던 그 추억이 컸기에 부상으로 힘든 시간을 보내는 제자의 모습은 더욱 안타까웠다. 게다가 최 감독은 김형범이 긴 부상의 터널을 뚫고 나와 복귀한 경기에서 다시 쓰러진 것이 자신의 탓이라고 생각했다. 김형범이 다시 재활에 돌입한 뒤 최 감독은 자신의 섣부른 복귀 결정이 선수에게 악영향을 끼쳤다면서 여러 차례 자책하기도 했다.

그 미안함은 결국 예상치 못한 깜짝 이벤트로 이어졌다. 최 감독이 준비한 김형범의 유니폼은 팀 동료들의 사인으로 가득 차 있었다. 그라운드에서 함께 땀 흘리지 못했지만 함께하고 있다는 것을 알려주려는 의도였다. 경기장 한편에서 팀의 정규리그 1위 확정을 지켜본 김형범은 마음이 착잡했다. 경기 직후 동료들을 축하하러 그라운드에 내려갔다가 예상치 못한 선물을 받고 울음을 터뜨렸다. 아무리 애제자라고 해도 지도자가 표현하는 것은 쉽지 않다. 다른 선수가 보는 눈도 있고, 감독과 제자와의 관계라는 것이 언제 끝날지 모르기 때문이다. 하지만 최 감독은 그런 걱정을 뒤로한 채 자신의 생각을 실천에 옮기면서 K리그의 또 다른 이야깃거리를 만들었다.

김형범과는 정반대의 케이스도 있다. 최 감독은 아무리 축구를 잘하는 선수라도 자신이 세운 기준에서 벗어난 행동을 하면 미련을 두지 않았다. 2012년 전북은 당시 K리그 최고의 연봉을 안겨주면서 국가대표 출신의 미드필더를 어렵게 영입했다. 아시아 정상 정복에 필요한 마지막 퍼즐이라 여기던 선수라 입단부터 화제를 뿌렸다. 영입전이 치열했지만 전북은 거액을 보장하면서 그의 마음을 사로잡았다. 하지만 불과 1년 6개월 뒤 팀의 에이스 역할을 기대받던 그는 퇴출당하고 만다. 언론에서는 부상과 부진으로 인한 슬럼프가 주 원인이라고 지적했지만 실상은 달랐다.

해당 선수의 선수단 이탈이 먼저 보도되면서 궁금증은 증폭됐다. 당시는 최 감독이 대표팀 사령탑으로서 2014브라질월드컵 본선행을 이끈 뒤 전북으로 복귀한 지 얼마 되지 않은 시기였다. 최 감독은 "선수가 팀에 대한 마음이 떠났으니 어쩔 도리가 없다. 다른 곳을 알아보라고 했다"고 취재진에게 알렸다. 시간이 지난 뒤 당시 퇴출된 선수가 왜 전북을 떠났는지 밝혀졌다. 운동선수로서 하지 않아야 할 일탈 행위로 최 감독을 실망시킨 것이 가장 큰 원인이었다. 최 감독은 선수들에게 자율을 강조하는 스타일이다. 훈련 이외 시간에는 터치를 거의 하지 않는다. 하지만 기본적인 생활에도 지켜야 할 것들은 있다.

최 감독은 주변의 우려에도 불구하고 팀의 에이스 역할을 해야 하는 그 선수를 내보냈다. 가진 능력이 좋을지 몰라도 그 때문에 팀 분위기에 좋지 않는 영향이 이어질 것이라는 우려가 컸기 때문이다. 최 감독은 맺고 끊는 것이 명확한 지도자다. 팀에 도움이 되지 않는다면 슈퍼스타도 전북에서 함께할 수 없다는 자신의 축구 철학이 확고했다.

세 번째 제자는 김남일이다. 김남일의 K리그 마지막 커리어가 된 팀은 2014년 한 시즌을 뛴 전북이다. 최 감독은 "오래전부터 내가 짝사랑해온 선수"라고 김남일을 표현할 정도로 영입에 많은 공을 들였다. 하지만 최 감독과 김남일의 만남은 너무 늦었다. 2002한일월드컵 스타인 김남일은 만 37세에 전북의 유니폼을 입었다. 전성기를 한참 지난 그였지만 최 감독은 그에게 많은 기대를 했다.

2013시즌 전북은 리그 38경기에서 22실점을 기록했다. K리그1 역대 한 시즌 최저 실점이다. 경기당 평균으로 따지면 0.58실점에 불과하다. 2014년 전북은 시즌 초반만 해도 흔들리는 뒷문이 가장 큰 걱정거리였다. 하지만 월드컵 휴식기 이후 중원에 베테랑인 김남일-신형민 조합이 자리를 잡으면서 분위기가 완전히 달라졌다. 전북은 시즌 막판에는 무실점 8연승이라는 전무후무한 기록을 남길 정도로 튼튼한 뒷문을 구축했다. 당시 나머지 열한 개 구단은 전북을 꺾는 것을 둘째 치고, 전북의 골문을 여는 것조차 힘겨워했다. 최 감독은 김남일-신형민 조합에 대해 "이보다 강한 중원 콤비는 없다"면서 아시아 정복의 원동력이 될 것이라 장담했다.

김남일은 전북의 유니폼을 입을 때만해도 자신의 선수 생활 마지막 클럽이라고 생각했다. 시즌 초반부터 부상에 시달릴 때는 은퇴를 진지하게 고려할 정도였다. 팀에 도움이 돼야 하는 베테랑이 짐이 되어버린 상황에 대한 미안함이 컸다. 그때 마음을 다잡게 해준 사람이 최 감독이었다. 최 감독은 마음을 조급하게 갖지 말라고 조언하면서, 다시 그라운드에 서본 뒤 은퇴를 결정해도 늦지 않다고 마음을 토닥였다. 전반기 부상 탓에 어려움을 겪던 김남일은 후반기에 팀의 주축으로 자리 잡았다.

최 감독은 김남일과 더 많은 시간을 함께하길 원했다. 그래서인지 우승 직후 열린 기자회견에서 최 감독은 "김남일은 세 번 정도 우승하고 은퇴했으면 좋겠다, 훈련 나오기 힘들면 내가 지게라도 지고서 데리고 다니겠다"며 손을 내밀었다. 하지만 김남일의 선택은 의외였다. J리그 비셀 고베 시절 자신의 영입을 주도하고, 한때 사제 관계를 맺은 와다 마사히로 감독의 제안을 받고 J리그2 교토로 이적을 결정했다. 김남일의 현역 연장을 도운 전북 입장에서는 입맛을 다실 수밖에 없는 상황이었다. 김남일과

호흡을 맞춘 중원의 핵심인 신형민마저 군 입대가 예정돼 있었기 때문에 그의 이탈은 전력에 큰 손실이었다. 최 감독은 김남일의 교토행에 아쉬움이 컸다. "좋은 조건으로 간다면 모르겠지만 왜 하필 2부리그팀으로 가는지 모르겠다"고 할 정도였다. 하지만 그는 제자의 앞길을 막지 않았다. 붙잡고 싶었지만 결국 제자의 선택을 존중했다. "꼭 한번 같이 해보고 싶었다"고 고백한 김남일과의 사제 관계는 결국 1년으로 만족해야 했다.

김남일같이 선수 생활 막바지에 전북에서 전환점을 만들거나 불꽃을 태운 선수들이 제법 있다. 그래서 전북 시절 최 감독의 별명 중에는 '재활 공장장'이 있었다. '한물 갔다'는 평가를 받은 선수들이 전북에 가서 화려하게 부활하는 케이스가 많았기 때문이다. 최 감독의 베테랑 사랑을 그의 선수 생활과 연관 지어 이야기하는 사람들도 꽤 된다. 그는 28세에 처음으로 태극마크를 달았다. 늦은 나이에 만개한 유형이었다. 하지만 선수 생활의 마지막은 좋지 않았다. 감독과의 불화, 연봉 협상 문제 등으로 떠밀리듯 축구화를 벗었다. 자신의 현역 생활이 지도자로서의 축구 철학에 영향을 준 것으로 보인다.

전북은 창단 후 첫 리그 우승을 달성한 2009년 이후

30대 노장 선수들이 팀의 중심 역할을 꾸준히 해왔다. 2009년 김상식과 이동국, 2012년 최은성, 2014년 김남일을 차례로 영입하면서 재기의 발판을 마련했다.

베테랑 선수들이 몰리자 한때는 전북의 스쿼드를 놓고 '노인정'이라는 우스갯소리를 하기도 했다. 최근에는 김보경, 김진수, 홍정호 등 유럽 무대에서 롱런을 이어가지 못한 채 K리그로 유턴한 선수들에게 부활의 날개를 달아줬다. 이들 중에서는 은퇴의 기로에 선 선수도 있었고, '한물갔다'는 평가를 받은 케이스도 있다. 하지만 최 감독은 이들을 영입한 뒤 '제2의 전성기'를 달릴 수 있도록 도왔다. 그래서 최 감독 시절 전북은 선수들에게 기회의 땅이자 도약의 팀이었다. 베테랑에 대한 최 감독의 지론은 단순하다. "노장이 절대 짐은 아니다. 옆에 있는 자체만으로도 든든하다. 리그는 장기전으로 치러야 하기 때문에 팀이 흐름에 따라 기복이 있을 수 있다. 베테랑이 필요한 이유이기도 하다."

사실 베테랑 선수는 새로운 팀에 적응하는 것이 쉽지 않다. 게다가 선참이기 때문에 팀 성적과 분위기가 좋지 않을 경우 부담감은 배가된다. 하지만 최 감독은 자신이 그 모든 짐을 대신 지길 바란다. 선수들은 그저 자신을 믿고 그라운드에서 최선을 다해주면 좋은 결과가 나올 것이라고 믿는다. 최 감독은 스카우트를 할 때 해당 선수의 장점을 중심으로 본다. 선수마다 장단점이 있지만 영입할 때는 일단 좋은 점만 보고, 성공할 확신이 선다면 주변 이야기를 듣지 않는 스타일이다.

최 감독은 경기력 이외에 성격과 나이 등은 보지 않았다. 그는 "전북의 유니폼을 입는 순간부터 경기 외적인 것은 내가 씨름을 해서라도 만들 수 있다는 자신이 있다"고 강조해왔다. 베테랑 선수를 과감하게 영입할 수 있었던 이유도 여기에 있다. 최 감독은 팀의 약점을 상쇄시키고, 강점을 부각시킬 수 있는 능력을 보유하고 있는 선수를 영입하는 것이 지도자의 역할이라고 여겼다.

⟨2nd Heart⟩

나의 두 번째 심장

위대한 전북의 힘을 느껴

그 이름만으로 우린 승리한다

녹색 함성을 외쳐라

We are mad green boys

우린 열두 번째 전사

We are 전북 F_C

나의 두 번째 심장

We are mad green boys

We are 전북 F_C

We are 전북 F_C

나의 두 번째 심장

We are mad green Family

We are 전북 F_C

나의 두 번째 심장

4

Half Time 하프타임
펜의 힘

2013년 봄 어느 날. 한 선배가 열심히 키보드를 두드리고 있는 나에게 다가와 한마디를 툭 던졌다.

"기자로 활동하면서 가장 뿌듯할 때지. 자기 기사로 무엇인가 바뀌고, 변화할 때, 그때가 가장 보람 있지. 잘 해봐."

그때 내가 쓰고 있던 기사의 주제는 아시아축구연맹 챔피언스리그 경기에서 발생한 욱일기 문제였다. 이전에도 국제대회에서 일본 군국주의를 상징하는 전범기인 욱일기가 경기장에 등장해 문제시된 경우가 종종 있었다. 국제축구연맹(FIFA)은 경기장 내의 그 어떤 정치적 표현도 엄격하게 금지하고 있다. 하지만 매번 욱일기 문제는 K리그 클럽의 항의에 이은 J리그 클럽의 재발 방지 약속으로 은근슬쩍 넘어가곤 했다.

2013년 4월 3일 일본 사이타마 스타디움. 전북과 우라와 레즈의 ACL 조별리그 맞대결이 펼쳐졌다. 당시 전북은 홈에서 강점을 보인 우라와 레즈를 상대로 전반에 하라구치에게 선제골을 내주면서 끌려갔다. 전북은 후반에 교체 투입된 이동국의 결승골을 발판으로 3대1로 역전승을 거두며 J리그 최고 인기 구단의 코를 납작하게 만들었다. 한국 취재 기자로는 유일하게 이날 경기를 현장에서 본 내 어깨에 힘이 들어갈 정도였다. 기자도 해외 경기 취재를 가면 없던 애국심이 생긴다.

이 경기의 백미는 이동국의 산책 세리머니였다. 2010년 5월 남아공월드컵 본선을 앞둔 한국 축구대표팀은 사이타마 스타디움에서 일본과 원정 평가전을 치렀다. 이 경기에서 축구팬들의 뇌리에 깊숙이 자리 잡은 박지성의 산책 세리머니가 나왔다. 경기 시작 6분 만에 상대 진영에서 볼을 잡은 박지성은 30미터를 드리블하며 상대 수비수 다섯 명을 제치고 중거리 슛으로 일본의 골문을 흔들었다. 그리고 그는 담담한 표정으로 일본 팬들로 가득 찬 관중석을 응시하면서 그라운드를 질주했다. J리그에서 프로에 데뷔해 한국을 넘어 아시아 축구의 아이콘으로 자리 잡은 대표팀 주장 박지성이 보여준 품격 있는 골 뒤풀이는 아직도 한일전마다 회자가 될 정도로 인상적이었다.

한국 축구팬 입장에서는 박지성의 골 세리머니가 통쾌하게 느껴졌다. "일본에게는 가위바위보도 져서는 안 된다"는 말이 있을 정도로 한일전은 자존심이 걸린 대결이었다. 한일 축구는 항상 라이벌 관계를 유지했다. 특히 당시 맞대결은 남아공월드컵 출전을 앞둔 두 국가의 출정식이었기 때문에 일본의 코를 납작하게 만들어 준 박지성에게 팬들은 박수갈채를 보냈다.

박지성이 일본 축구팬들을 얼어붙게 만든 그 장소에서 이동국이 3년 만에 산책 세리머니를 재현했다. 현장에서 지켜본 난 어딘가 모를 뿌듯함을 느꼈다. 이동국이 득점 직후 골문 뒤편 우라와 레즈 서포터 앞을 지나가면서 산책 세리머니를 펼치자 2만 명 이상이 들어찬 경기장에 찬물을 끼얹은 듯 침묵이 흘렀다.

많은 이야기를 만들어낸 이날 경기 직후 한국에 보낼 기사를 쓰느라 정신이 없었다. 양 팀 감독의 공식 기자회견 이후 믹스트존으로 이동해 1골 2도움을 올린 이동국을 붙잡고 인터뷰를 이어갔다. 경기를 지켜본 수많은 일본 취재진은 이동국의 골 뒤풀이에 많은 관심을 보였다. 이동국은 믹스트존에서 당시 상황을 이렇게 되짚었다.

"골을 넣고 갑자기 경기장 안이 조용해져서 뭔가 잘못된 줄 알았다. 그렇게 시끄럽던 팬들이 너무 조용해졌다. 박지성이 사이타마 스타디움에서 세리머니를 한 것이 생각났다. 나를 지켜보고 있는 일본 관중들에게 내 존재를 알려주고 싶었다."

일본 축구의 성지로 불리는 사이타마 스타디움에서 전북이 K리그의 자존심을 살린 것까지는 완벽했다. 하지만 모든 취재가 끝난 뒤 예상치 못한 상황이 발생했다. 경기장 내에 욱일기가 등장한 사실을 뒤늦게야 알게 된 것이다.

"오늘 찍은 관중석 사진 중에 욱일기 같은 게 있었어. 다시 확인해봐야 하지만 욱일기가 맞는 것 같아."

"진짜 욱일기면 절대 그냥 넘어가서는 안 되는 일이에요. 구단 관계자나 선수단 중에 혹시 욱일기 본 사람 있나요?"

"아직 그런 이야기 전달 못 받았어요. 사진에서 확인되면 저희도 좀 보내주세요. 아시아축구연맹과 우라와 레즈에 증거 자료를 보여줘야 해요."

함께 경기장을 찾은 사진기자 선배의 제보였다. 숙소로 돌아가는 차 안에서 경기 사진을 일일이 확인했고, 관중석에 나부끼는 욱일기의 존재를 확인했다. 한국, 중국 등 일본의 침략을 받은 국가들에게 군국주의의 상징인 욱일기는 금기시되고 있다.

다음 날 아침 ACL 경기장 내 욱일기 등장 문제를 곧바로 기사화했다. 당시만 해도 ACL 해외 경기는 프로축구연맹 가입 언론사가 정해진 순번(풀)에 따라 취재를 갔다. 현장에서 취재한 기자는 나 혼자였기 때문에 이 문제를 크게 생각지 않았다면 공론화되지 않았을 수도 있다. 하지만 경기 결과보다 더 중요한 문제라고 생각해 신문 1면에 욱일기 문제를 지적하는 기사를 냈다. 한국인이라면 누구나 욱일기 문제를 그냥 지나칠 수 없다.

이 경기는 한국에서 TV 중계가 되지 않았다. 그래서 일부 팬들이 유튜브 등으로 경기를 지켜봤다. 중계화면에는 관중석에 등장한 욱일기가 잡히지 않았다. 우라와 레즈는 J리그 내에서 가장 극성스러운 팬을 보유한 구단으로 유명하다. 이전에도 인종 차별 같은 문제로 논란을 일으켰던 구단이라 국내에서는 욱일기 문제를 쉽게 넘겨서는 안 된다는 여론이 형성됐다.

기사에도 결자해지가 필요하다. 내 기사에서 시작된 일이기 때문에 마무리도 내 손으로 해야 한다고 생각했다. 첫 기사를 쓸 때부터 이전과 같이 욱일기 문제가 흐지부지되지 않길 바랐다. 그래서 조금이나마 내 기사와 생각이 전북 구단에 힘이 되길 기대했다. 욱일기 문제가 마무리될 때까지 매일같이 이 사건에 대한 기사를 쏟아냈다. 전북 구단은 AFC와 우라와 레즈 구단에 욱일기 문제를 강력하게 항의했다. 항상 재발 방지 약속에 그치던 J리그 구단도 전북의 강경한 자세에 이전과는 다른 모습을 보여줬다. 우라와 레즈는 홈경기 6일 뒤에 전북 원정을 치러야 했다. 그래서인지 이례적으로 홈페이지를 통해 팬들에게 욱일기를 비롯한 정치적, 종교적 메시지를 담은 응원 도구를 한국 원정 경기에 지참하지 말라는 공지를 게재했다. 우라와 레즈의 변화도 나름 의미 있는 성과로 여겨졌다.

전북 구단은 더 이상 ACL 경기장에 욱일기가 등장하지 않도록 뿌리 뽑고자 많은 노력을 기울였다. 우라와 레즈와의 리턴매치를 앞두고 AFC와 우라와 레즈 관계자가 참석하는 매니저 미팅에서 욱일기와 관련된 프레젠테이션을 준비해 '왜 욱일기가 경기장에 등장해서는 안 되는 것인지'를 확실하게 알려줬다. 내 기사를 비롯해 한국 언론의 욱일기 관련 보도를 프레젠테이션하며 사태의 심각성을 강조한 것이다.

전북은 행동으로 욱일기 퇴치에 앞장섰다. 2013년 4월 9일 전주월드컵경기장에서 열린 우라와 레즈와의 ACL 홈경기에서는 원정 팬들의 소지품을 전수 조사하는 강경책을 실행했다. 축구 경기장에 출입할 때는 위험 요소가 있는 캔, 패트병 등을 소지할 수 없지만 월드컵 등 국제 메이저대회가 아니라면 통상적인 짐 검사는 간소하게 진행된다. 이날 전북 구단은 1000여 명의 우라와 레즈 원정팬을 대상으로 작은 손가방까지 철저하게 검사하고, 플래카드의 문구까지 모두 확인한 뒤에야 입장시켰다.

원정 팬 입장에서는 까다롭다는 인상을 받을 만했지만 불과 수일 전에 경기장에 나부낀 욱일기를 생각하면 큰 문제가 될 것이 없는 조치였다. 소지품 검사 과정에서 폭언과 기물 파손이 이어지며 불미스러운 일들이 벌어지기도 했지만 대부분의 원정 팬들은 전북 구단의 조치에 성실하게 따르는 모습을 보였다. 전북의 노력 덕분에 전주성에서는 욱일기가 보이지 않았다. 대신 수많은 태극기가 경기장을 수놓으며 장관을 이뤘다.

나치 독일의 상징인 하켄크로이츠는 서방 세계에서 금기다. 어떤 형태로든 절대 용납되지 않는다. 반면 일본의 욱일기는 일부 아시아 국가를 제외하면 대부분의 국제사회에서 그 심각성을 깨닫지 못하고 있다. 그 탓에 국제올림픽위원회(IOC)마저 2020도쿄올림픽에서의 욱일기 사용을 사실상 묵인했다. 안타까운 일이 아닐 수 없다.

우라와 레즈의 욱일기 사태가 벌어진 지 6년이 흘렀다. 그동안 ACL에서는 욱일기로 인한 잡음이 거의 일지 않았다. 지금 와 생각하면 전북의 적극적이고 용기 있는 대처가 적어도 ACL에서만큼은 욱일기가 발을 붙이지 못하도록 하는 계기를 만든 것이다. 모두가 다 아는 사실이라도 때로는 아닌 것은 아니라고 소리 높여 외칠 필요가 있다. 욱일기 사태 때 난 기자로서 해야 할 최소한의 일을 했을 뿐이다. 공론화할 수 있는 장을 만들고, 욱일기의 퇴출이 왜 당연한지 알린 것이 전부였다. 그래도 기분은 뿌듯했다. 욱일기 사건이 일단락된 뒤 전북 관계자에게 연락이 왔다.

"많이 도와주신 덕분에 더 이상 축구장에서 욱일기를 안 볼 수 있을 것 같네요. 같이 싸워주셔서 감사합니다."

2nd Half 세컨하프
후반전

닥공

아직도 전북하면 떠오르는 단어는 아마 '닥공(닥치고 공격)'일 것이다. 이 별명은 2010년에 처음 등장한 것으로 기억한다. 확실치는 않지만 전북을 담당한 타 언론사 선배가 처음 기사에 쓴 뒤 점차 확산됐던 것 같다. 그리고 2011년 시즌 개막을 앞둔 K리그 미디어데이에서 최강희 감독이 "올시즌 우리 팀의 전술은 닥공이다"라고 말함과 동시에 본격적으로 많은 사람들의 입에 오르내리게 됐다.

'닥공'이 한창일 때 전북 경기를 보면 최강희 감독의 한쪽 팔은 상대편 골문을 향해 있었다. 볼을 뒤로 돌리지 말고 바로 상대 골문을 향해 진격하라는 제스처였다. 사령탑의 기대대로 경기가 풀리지 않으면 어김없이 두 손이 허리춤으로 내려왔고, 그런 경기에서는 승리를 거둬도

"오늘은 이겼지만 만족할 수 없다"는 최 감독의 소감이 나왔다. 그만큼 전북은 공격적인 팀이었다. 공격을 사랑한 팀이라는 표현이 더 어울릴 것 같다.

축구의 백미는 골이다. 골이 터져야 승부도 나고, 희비가 엇갈릴 수 있다. 가장 중요한 것은 팬들이 짜릿함을 느낄 수 있다는 점이다. 아무리 치열한 경기를 펼쳐도 0대 0으로 마친 경기보다는 치고받으면서 4대3으로 끝난 난타전 경기가 팬들의 뇌리에 남는다. 공격 축구는 축구계의 로망이다. 프로축구연맹은 2016년부터 보다 공격적인 경기 운영을 유도하고자 승점이 동률이라면 순위를 결정하는 최우선 기준을 다득점으로 정했다. 세계 어디에서도 도입하지 않은 제도다. 유럽 축구계가 알면 비웃을 수도 있다. 하지만 그만큼 득점이 고팠다고 볼 수 있다. 파격적인 로컬룰이지만 이 규정이 폭발적인 득점력 증가를 불러오지는 못했다.

시즌 개막을 앞두고 대부분의 감독들은 공격 축구를 약속한다. 이번만큼은 화끈한 공격 축구로 팬들의 눈을 즐겁게 하겠다는 공약을 남발한다. 하지만 현실은 녹록지 않다. 당장 승점을 따야 하고, 순위를 한 계단이라도 끌어올리려면 현실과 타협할 수밖에 없다. 결국엔 수비에 중

점을 두는 경기도 나오고, 공수 밸런스에 신경을 쓰는 경기를 하기도 한다. 그래서 전북의 '닥공'이 더 대단하다는 것이다.

한창 닥공이 전성기를 구가하던 2010년대 초반에는 두 골차 승리는 '완승'이나 '대승'이라는 표현을 쓰기도 머쓱할 정도로 전북의 화력이 엄청났다. 특히 전주성에서 열리는 홈경기에서는 이기고 있어도 항상 더 많은 골을 노렸다. 최 감독은 경기 스코어에 관계없이 교체카드를 공격 자원으로 모두 채웠다. 특히 홈 팬 앞에서는 이기고 있다고 해서 '굳히기'에 돌입하는 경기는 있을 수 없었다. 대부분의 사령탑들은 승점 3점을 얻으려고 리드를 하고 있는 경기에서 막판에 공격수를 빼고 수비수 숫자를 늘리는 교체 카드를 자주 활용한다. 하지만 전북에서는 오히려 공격 숫자를 늘려 더 큰 점수 차로 승리를 거두는 전략을 취해왔다. 어떻게 보면 공격이 최고의 수비라는 말을 현실화한 전략적 접근을 했다고 볼 수 있다.

사실 닥공이라는 팀 컬러는 양면성이 있다. 공격을 하는 만큼 수비에 대한 부담감이 커지고, 실점에 대한 리스크도 높아지기 때문이다. 실제로 2009년 이후 전북의 리그 성적은 최상위권을 꾸준히 유지했고, 더불어 공격 자원도 매 시즌 많은 스포트라이트를 받았다. 하지만 공격수에 비해 주목을 받지 못한 수비수에게는 말 못할 고민이 많았다. 워낙 팀 전술이 공격에 치중하다 보니 아무래도 수비수들이 경기 중에 받는 압박감은 클 수밖에 없었다. 공격수의 수비 가담이 상대적으로 부족한 상황이라 수비수가 한 발이라도 더 뛰고 몸을 던져야 했다. 그래서 닥공을 완성하는 것은 결국 수비수라는 이야기도 많았다. 또한 그들을 언성히어로(보이지 않는 영웅)로 평가하기도 했고, 농담 삼아 K리그에서 가장 빛이 나지 않지만 가장 어려운 역할을 소화하는 3D업종으로 분류하기도 했다.

담당 기자 시절 최강희 감독과의 인터뷰에서 수비수 출신인 그가 왜 공격 축구에 집착하는지를 물어본 적이 있다. 그의 대답은 이랬다.

"전북에 오기 전에 K리그 감독이 되면 적어도 홈에서는 팬들이 열광할 수 있는 빠르고 박진감 넘치는, 템포 빠른 공격 축구를 하고 싶었다. 강렬하게 팬들에게 어필할 수 있는 그런 축구를 원했다. 유럽 축구를 보면 최하위 팀도 주중에 원정 경기가 있고, 주말에 홈 경기가 있으면 원정 경기에 주력 선수 대여섯 명을 빼고 간다. 홈 경기에 정예 멤버를 투입하기 위해서다. 그런 경기를 보면서 나도 한번 해보자고 마음먹었다. 사실 난 성격이 급해서 골프도 공격적으로 치는 스타일이다. 잠그고 물러나고 그런 축구 못 한다."

최 감독의 주도한 닥공은 K리그에 센세이션을 불러일으켰다. 매 경기 시원한 공격 축구는 팬들의 눈을 즐겁게 만들었고, 전북이 K리그의 대표 구단으로 발돋움할 수 있는 발판을 마련하기도 했다. 물론 극단적 공격 전술은 그만한 능력을 가진 선수들이 있었기에 성공할 수 있었다. 전북은 축구에서 흔히 이야기하는 공격이 최고의 수비라는 것을 증명해낸 팀이다.

전북의 닥공이 사실상 K리그 최초의 축구 브랜드로 각광을 받자 생경한 상황도 연출됐다. 잘나가는 전북을 벤치마킹해 너도나도 팀 컬러를 브랜드화 하겠다고 나선 것이다. 서울의 무공해 축구, 울산의 철퇴 축구, 포항의 스틸타카, 제주의 방울뱀 축구, 광주의 직진 축구 등이 대표적인데 사실 이 팀들이 내세운 브랜드는 그럴싸했지만 '전북=닥공'이라는 공식을 뛰어넘을 만한 성과를 내지 못했다. 다른 팀들은 닥공이라는 브랜드를 가진 전북이 부러웠을 것이다. 기자들 사이에서 닥공이라는 신조어가 유행하자 새로운 브랜드를 작명해보려는 시도가 있었지만 그

마저도 크게 주목받지 못했다.

　전북이 K리그에서 경기당 평균 두 골 이상을 기록한 시즌은 단 두 차례다. 2009년 2.10골(29경기 59골)과 2011년 2.23골(30경기 67골)이다. 전북의 전성기가 시작되던 그 시점에 공격 축구로 K리그를 점령한 것이다. 전북은 경기당 평균 두 골을 넘긴 두 시즌 모두 K리그 정상에 올랐는데 엄청난 득점력으로 경쟁자들을 물리쳤다. 닥공이 가장 피크였던 해는 2011년이다. 어떤 상대를 만나더라도 상대를 압도하는 공격력을 보이며 승리를 따내던 시절이다. 다관왕 또는 트레블(리그, FA컵, ACL 동반 우승)의 가능성이 가장 높았던 해였다.

　당시 K리그는 물론 아시아축구연맹 챔피언스리그에서도 12경기에서 33골로 경기당 세 골에 육박하는 어마어마한 공격력을 뽐냈다. 비록 결승에 진출했음에도 불구하고 정상에 오르지 못했지만 닥공이라는 브랜드는 아시아 전역에 소개될 정도로 화제의 주인공이 됐다. 전북은 2012시즌 ACL 개막을 앞두고 열린 세미나에서 32개 본선 진출 클럽 중에 축구의 브랜드화를 통해 관중 몰이에 성공한 모범 사례로 선정되는 영광을 안기도 했다. 당시 전북은 프레젠테이션 자료에 'Dak Gong(닥공)'이라고 표기해 눈길을 끌었다. 조금 다른 이야기지만 닥공이 한창일 때 담당 기자 입장에서는 전북 경기 기사를 쓰는 게 편했다. 전북이 워낙 압도적인 경기력을 보여줬기 때문에 일찌감치 기우는 경기가 많았다. 경기가 뒤집히는 등 변수가 적었기 때문에 마감 시간에 쫓기지 않고 기사를 쓸 수 있는 여유를 다른 팀에 비해 많이 확보할 수 있었다. 닥공이 전성기일 때는 "전주성에 자비란 없다"라는 캐치프레이즈가 잘 어울렸다. 경기 종료 휘슬이 울릴 때까지 쉴새없이 몰아치는 전북의 공격을 막다 보면 상대팀 선수들은 결국 웃으면서 전주월드컵경기장을 떠나지 못했다.

전북의 닥공은 2011년 정점을 찍은 뒤 최 감독이 국가대표팀 감독으로 1년 반 동안 자리를 옮기면서 변수가 생겼다. 최 감독의 공백에도 팀 컬러가 어느 정도 이어지긴 했지만 이전과 같이 닥공이라는 브랜드를 붙일 수 있을 정도의 축구를 보여주지 못한 것이 사실이다. 최 감독과 한솥밥을 먹던 이흥실과 파비오 감독 대행이 바통을 차례로 이어받았지만 팬들의 눈높이를 맞추지는 못했다. 전주성을 극장으로 본다면 1편보다 나은 속편이 없다는 것이 밝혀진 셈이었다.

2014~2015시즌 구단 최초의 리그 2연패 이후 다시 전

북의 공격적인 성향이 꿈틀거리기 시작했다. 최 감독은 새로운 얼굴을 영입해 새로운 형태의 전술을 실험했다. 당시 김보경이라는 걸출한 미드필더가 합류하면서 전북은 '제로 볼란치'라는 극단적 공격 전술을 꿈꿨다. 통상적으로 스리백보다 공격적이라고 평가되는 포백은 최종 수비 라인 앞에 수비형 미드필더가 몇 명 서느냐로 전술의 뼈대를 잡는다.

수비형 미드필더가 두 명인 '더블 볼란치'가 가동되면 안정에 무게를 두는 전술로 받아들여지고, 한 명만 세우면 공격에 힘을 싣는 것으로 이해한다. 하지만 2016시즌 전북은 전형적인 수비형 미드필더를 한 명도 세우지 않는 전술을 가동한 바 있다. 최 감독은 2016시즌 개막을 앞두고 "홈 경기에서는 수비형 미드필더를 세우지 않고, 두 명의 플레이메이커를 세울 수도 있다. 이재성과 김보경의 조합을 고민 중이다. 수비적으로 내려서는 팀을 초반에 무너뜨릴 수 있는 힘이 생겼다"고 평가했다. 이러한 전술이 가능했던 이유는 중앙 미드필더를 소화하는 이재성과 김보경의 수비 능력이 일정 수준 이상이었기 때문이다. 수비에 무게를 두는 볼란치가 없는 대신 멀티 플레이어인 두 선수가 콤비네이션을 통해 역할 분담을 하면서 시너지 효과를 낼 수 있다는 확신이 있었기에 가능한 중원 운영이었다.

닥공이 한창 열을 올리던 시절 최 감독이 대표팀 지휘봉을 잡지 않고 전북에 남았다면 어땠을까? 팀의 기조가 연속성을 갖고 이어지면서 뭔가 업그레이드된 닥공을 펼쳤을 것이라는 추측을 해본다. 축구계와 팬들에게는 닥공에 대한 그리움이 어느 정도 있다. 닥공이 휩쓸고 간 자리에 또 다른 무엇인가가 채워지길 기대했지만 '포스트 닥공'은 없었다. 앞으로 몇 년 더 지나면 닥공이라는 브랜드는 전설로 남을지도 모르겠다. 어쩌면 그때 화려하고 강력했던 전북을 지켜본 팬들은 그 시절이 그리울 것이다.

절대 1강과 바이에른 뮌헨

전북은 2010년대 들어 K리그에서 '절대 1강'으로 통했다. 1강이라는 수식어는 아무에게나 붙는 게 아니다. 전북이 진정한 강호로 인정을 받는 이유는 라이벌조차 최강자로 인정하기 때문이다. 1강이라는 표현은 2014년 K리그 개막을 앞둔 미디어데이부터 본격적으로 등장했다. 당시 만나기만 하면 이야깃거리를 만들어내던 전북 최강희 감독과 서울 최용수 감독은 '1강 논쟁'을 벌인 바 있다. 강력한 우승 후보의 대항마 역할을 해야 할 팀의 수장이 상대를 1강이라고 평가하는 것은 의외였다. 그만큼 전북의 벽은 높아보였다. 시샘과 부러움의 대상이자 꼭 꺾어보고 싶은 상대이기도 했다.

시간이 흐르면서 전북은 1강도 모자라 절대 1강이라는 별명이 붙을 정도로 장기간 압도적인 전력을 구축해왔다. 최근 10년간 총 일곱 차례 리그 우승을 거머쥐었고, 2014년부터는 다섯 번 정상에 올랐다. 전북 왕조라는 표현이 언론에서 심심치 않게 나올 만했다. 심판 매수 파문 탓에 승점 감점이라는 징계를 당한 2016시즌 우승을 놓치지 않았다면 전북은 전무후무한 6년 연속 우승이라는 금자탑을 세울 수도 있었다.

전북이 절대 1강으로 인정받는 이유는 무엇보다 기복이 적었기 때문이다. 2009년 창단 후 첫 리그 우승을 거머쥔 뒤 10시즌 동안 K리그에서 획득한 가장 낮은 순위가 3위였다. 차기 시즌 아시아축구연맹 챔피언스리그 출전권을 확보하는 마지노선이 리그 3위라는 점을 고려하면 대단한 성적이 아닐 수 없다. K리그에서는 절반 이상의 팀들이 시즌 목표를 차기 시즌 ACL 출전권 확보로 잡는다. 최근 분위기만 놓고 보면 타 팀들의 최종 목표가 전북에게는 최악의 성적이나 마찬가지인 셈이다.

전북은 장기간 K리그의 강자로 자리매김하면서 독일 분데스리가 강호 바이에른 뮌헨과 자주 비교됐다. 바이에른 뮌헨은 2000년대 들어 열세 차례 리그 우승컵을 거머쥐었고, 2012~2013시즌부터 7연패를 달리고 있다. 1963년 독일 분데스리가 출범 이후 무려 30차례 리그 우승을 차지하면서 말 그대로 절대 1강으로 군림하고 있는 팀이다.

전북의 전성기를 이끈 최강희 감독은 재임 시절 독일 분데스리가 이야기를 자주 꺼냈다. 특히 적극적인 투자로 분데스리가의 리딩클럽으로 확고하게 자리 잡은 바이에른 뮌헨을 높이 평가하면서 벤치마킹 대상으로 언급해왔다. 분데스리가는 2000년대 들어 성장한 잉글랜드 프리미어리그, 스페인 프리메라리가에 비해 시장 규모가 작고, 스타플레이어들도 많지 않았다. 하지만 바이에른 뮌헨은 리그 정상권을 달리면서도 꾸준하게 새 얼굴을 영입하고 전력 보강에 나서 정상의 자리를 지켜왔다. 특히 분데스리가를 대표하는 클럽에 만족하지 않고 유럽 무대에서 꾸준하게 두각을 나타내는 모습은 ACL 정상 정복을 목표로 삼은 전북과 궤를 같이 한다. 최 감독은 무엇보다 리그의 전반적인 분위기와는 별개로 항상 현실에 안주하지 않는 팀 컬러를 보여준 바이에른 뮌헨을 동경해왔다.

바이에른 뮌헨과 전북의 공통분모 가운데 하나는 선수들에게 가장 뛰고 싶은 구단으로 인정받았다는 점이다. 물론 리그 톱 구단인 만큼 연봉이나 처우가 좋은 것이 사실이다. 또한 선수라면 누구나 이기는 것이 습관이 되는 강팀에서 뛰고 싶어 한다. 또 한 가지 닮은꼴은 자국 대표팀의 중심축이 되고 있다는 점이다. 대표팀에 리그 최고의 클럽에서 뛰는 선수들이 많이 차출되는 것은 당연할지도 모른다. 하지만 클럽과 대표팀의 운영 방식이나 철학이 다르기 때문에 유니폼을 갈아입고도 자신의 능력을 100퍼센트 보여줄 수 있다고 장담하기는 힘들다. 독일 대표팀은 우승을 차지한 2014브라질월드컵 당시 주전급으로 활약한 마누엘 노이어, 제롬 보아텡, 필립 람, 바스티안 슈바인슈타이거, 토니 크로스, 토마스 뮐러, 마리오 괴체 등 무려 일곱 명이 바이에른 뮌헨 소속이었다. 독일 대표팀이 제2의 바이에른 뮌헨이라는 이야기를 듣던 시절이다.

유로2012를 앞둔 2011~2012시즌은 바이에른 뮌헨 선수들이 독일 대표팀 전력의 70퍼센트 이상을 차지할 정도로 큰 영향을 행사했다. 특히 필립 람과 바스티안 슈바인슈타이거는 독일 대표팀과 바이에른 뮌헨에서 동시에 주장과 부주장을 맡을 정도로 리더십을 공유하기도 했다.

전북도 마찬가지다. 2018러시아월드컵 최종예선 마지막 두 경기를 앞두고 신태용 감독이 소방수로 대표팀의 지휘봉을 잡은 2017년 8월이 대표적이다. 월드컵 9회 연속 본선 진출을 앞두고 궁지에 몰린 신 감독이 꺼내 든 카드는 사실상 전북이었다. 신태용호 1기에는 전북 소속 선수가 여섯 명이나 발탁돼 화제가 됐다. 게다가 전북을 거쳐 간 선수까지 합하면 엔트리의 절반 수준인 열한 명으로 늘어났다.

축구팬들은 대표팀 경기력이 실망스러울 때 "차라리 전북을 대표팀 대신 내보내는 게 낫겠다"는 푸념을 하기도 한다. 그만큼 전북 선수들이 대표팀의 주축으로 많이 활동하고 있는데다 장기간 손발을 맞춰온 조직력을 높게 산다는 의미이기도 하다. K리그에서 뛰는 선수들이 전북 유니폼을 입는 것을 대표팀으로 가는 지름길로 인식할 만했다.

🏁 마이웨이

나에게 전북은 눈치를 보지 않는 팀이라는 인상을 주었다. 물론 지극히 개인적인 생각이다. 대다수의 팀이 허리띠를 졸라매고 긴축 운영을 외칠 때 전북만큼은 꿋꿋이 적극적인 투자와 광폭 행보를 통해 K리그가 갈 길을 제시했다. 돈만 쓴다고 좋은 구단이 될 수 없다. 쓰는 만큼 효과가 있어야 한다. 그런 면에서 전북은 투자의 선순환 구조를 이어가고 있다는 점에서 높은 점수를 받을 만하다. 전북마저 없었다면 K리그가 어떻게 됐을까 하는 질문이 축구계에서 자연스럽게 나오는 게 이상하지 않았다. 전북은 모두가 숨죽이고 있을 때 당당하게 투자를 외치면서 명실상부한 리딩구단이 됐다.

전북은 K리그 정상에 처음 오른 이후 외로운 싸움을 이어가야 했다. K리그 시장이 시간이 갈수록 줄어드는 상황에서도 전북은 '마이웨이'를 외치며 움츠러들지 않았다. 전북은 비단 성적뿐 아니라 모든 면에서 K리그의 자존심이라고 불릴 만했다. 그래서 더 부담이 컸다. 매 시즌 전북은 우승후보로 꼽혔고, 모두의 기대에 미치지 못하는 행보를 보일 때면 더 큰 비난의 화살이 날아왔다. 전북은 곧 K리그였다. 3년 만에 우승컵을 들어올린 2014시즌 직후 한 선수는 우승 기자회견에서 이런 이야기를 했다.

"전북은 K리그의 마지막 자존심이다. 올해 우리가 우승을 해야 하는 이유 중에 하나였다. 이번에 우승을 못 하면 우리마저 예산 면에서 타격을 받을 수 있다는 우려가 있었다. 그래서 책임감을 갖고, 경기장에 나가서 더 집중을 했다. 반드시 투자는 필요하다."

2010년대 들어서면서 K리그의 거의 모든 기업구단이 구단 운영비를 줄여나가기 시작했다. 동시다발적인 긴축정책에 축구팬들도 좀 어리둥절했다. 기업구단은 대부분의 운영비를 홍보비 명목으로 모기업에게 지원받는다. 프로축구뿐 아니라 모든 프로스포츠가 그래왔다. 하지만 이전까지 밑 빠진 독에 물 붓는 형태로 진행되던 구단 지원금에 변화가 일기 시작했다. 기업들이 프로구단 운영을 통한 홍보와 마케팅 효과에 대한 효율성을 재고하고, 한

계를 느끼면서 너나할 것 없이 구단 지원금을 줄여나가기 시작했다. 투자할 때도 경쟁적으로 했듯이 지원금도 앞다퉈 줄여나갔다. 사실 프로축구의 역사가 30년이 훌쩍 넘었지만 구단들의 자생력 강화는 2010년대 들어서야 화두가 되었다. 이전까지 주는 대로 쓰는 게 습관으로 정착했다 보니 자생력을 갖추는 데도 시간이 오래 걸릴 수밖에 없다. 2010년대 초반만 해도 한 기업구단의 1년 입장권 수입이 수천만 원대에 머문다는 이야기가 공공연하게 나돌기도 했다. 그만큼 K리그 구단들의 자생력은 취약했다.

축구계 한편에서는 프로축구연맹이 2013시즌부터 실시한 구단별, 개인별 연봉 공개가 모기업의 지원금 감소를 부추겼다는 의견도 있다. 모기업 입장에서는 지원금 대비 성적과 홍보 효과를 가늠할 수 있는 기준이 마련된 것이라 의미 있는 자료로 삼을 만했다. 하지만 일각에서는 모기업들이 프로연맹의 연봉 공개를 핑계거리로 삼아 구단 운영비를 줄이는 것은 스포츠에 대한 이해 부족에서 나온 결정이라는 지적도 있다.

2000년대 들어 한국 프로축구를 주도했던 FC서울, 수원 삼성, 포항 스틸러스 등이 너나할 것 없이 구단 운영비를 감축하면서 K리그에 찬바람이 불기 시작했다. 프로는 곧 돈이다. 좋은 선수와 좋은 지도자를 데려오려면 자금이 필요하다. 십 수년간 늘거나 비슷하게 유지되던 구단 운영비가 줄어들자 기업구단은 모두 위기라고 외쳤다.

가장 대표적인 구단이 수원 삼성이다. 운영 주체가 삼성전자에서 제일기획으로 이관되면서 구단 운영에 눈에 띄는 변화가 찾아왔다. GS가 모기업인 FC서울도 수년째 이적 시장에서 조용한 행보를 보이면서 '저비용 고효율' 기조를 이어가고 있다. 포스코를 모기업으로 둔 전남과 포항은 일찌감치 유스시스템이 정착된 구단이라 재정적인 부족함을 육성으로 만회하고자 노력하는 모습이 역력하다.

이런 와중에 전북만은 차별화된 행보를 이어갔다. 2009년 첫 우승 이후 다른 구단의 눈치를 보지 않고 꾸준하게 투자 기조를 유지하고 있다. 2016시즌 심판 매수 사건이 밝혀져 구단에 위기가 찾아왔지만 공격적인 투자에 대한 의지를 놓지는 않았다. 전북은 수년째 K리그에서 유일하게 100억 원대의 선수단 연봉을 쓰는 팀이다. 각 구단들은 지원금이 줄어들자 서서히 생각을 바꾸고 있다. 획기적인 변화는 아직 이르지만 그래도 입장권 판매, 이적료, 스폰서 등을 통한 수입으로 구단 운영 자생력이 이

전보다 강해진 측면이 있다.

사실 모기업에 손을 벌리려 하더라도 잘하겠다는 의지만 무작정 드러내서는 곤란하다. 전북은 축구를 통해 모기업의 홍보대사 역할을 톡톡히 해왔다. 현대자동차 사업에 도움이 되는 행보를 함께해오면서 구단 예산에 대한 정당성을 확보하려고 노력했다. 전북은 동계 전지훈련을 해외 공장이 있는 브라질로 간다거나 리그 휴식기에는 현대자동차와 스폰서십을 맺고 있는 프랑스 리그1 올림피크 리옹과 친선전을 포함한 인적 교류를 이어가면서 모기업의 가치를 끌어올리는 데 일조했다. 한때 베이징 현대라는 이름으로 활동한 중국 슈퍼리그의 베이징 궈안과도 친선전을 치르는 등 인연을 이어가고 있다. 베이징에 현대자동차의 현지 공장이 있기 때문에 모기업에게는 전략적인 지역이다.

기자들에게도 전북은 특별했다. 축구 기자 가운데 흔히 이야기하는 '전북빠'가 꽤 된다. 최강희 감독이 팀을 이끌던 시절에는 그를 좋아하는 기자들이 많았다. 나도 예외는 아니었다. 전북은 항상 열려 있는 팀이었다.

전북 홈경기를 취재하러 가면 기자들은 대부분 경기 전 사무국 내에 있는 단장실로 향했다. 전북 담당 기자들은 경기 전에 단장을 비롯한 관계자들 하고 구단과 K리그에 관한 이야기를 나눴다. 중요한 이야기가 오고가는 것은 아니었다. 철 지난 K리그 녹화 중계를 보면서 타 팀 선수들을 평가할 때도 있었고, 흘러간 옛 이야기를 하기도 했다. 그날 그날의 분위기에 따라 대화의 소재가 바뀌었다. 그게 일상이었기에 단장실은 사랑방과 같은 역할을 했다. 그 안에서는 어떤 이야기가 오가든 이상할 게 없었다. 그만큼 담당 기자들과 구단 사이에 벽이 없었다. 타 구단에서는 쉽게 볼 수 없는 장면이다.

경기를 마치면 단장, 감독을 비롯한 구단 관계자들과 취재진이 소통하는 시간도 항상 마련됐다. 기자, 지도자, 구단 관계자에게 경기장은 직장이나 마찬가지다. 직장이 아무리 편해도 딱딱한 이야기가 오갈 수밖에 없다. 하지만 일터를 벗어나면 편안한 분위기에서 폭넓은 이야깃거리를 갖고 대화를 나눌 수 있다. 전북에서는 누구든 인간적인 관계를 돈독하게 만들 시간이 많았다.

상전벽해

　　"뽕나무 밭이 푸른 바다로 변
한다"는 뜻의 상전벽해(桑田碧海)라는 말이 있다. K리그에
서 상전벽해라는 사자성어가 가장 잘 어울리는 구단이 전
북이다. 불과 15년 전만 해도 K리그에서 주목받지 못하던
구단이었다. 성적과 흥행에서 사실상 낙제점을 받았던 팀
이다. 전북은 K리그 팬은 물론 선수들에게조차 인기가 없
었던 팀 중 하나였다. 훈련 인프라나 처우 등도 그저 그랬
다. 게다가 미래의 비전이 보이지 않았다. 정상에 대한 도
전 의지도 크지 않았고, 팬들의 발길도 뜸한 구단으로 장
기간 인식돼 왔다. 2005년 여름, 전북의 지휘봉을 잡은 최
강희 감독은 인터뷰에서 당시 상황을 특유의 재치 있는
입담으로 푼 적이 있다. 그는 당시를 이렇게 회상했다.

　　"구단 사무실, 선수단 숙소 할 것 없이 가는 곳마다

기절할 정도였다. 이게 진짜 프로팀이 맞나 싶을 정도였다. 팀이 왜 꼴찌를 하고 있는지도 며칠 있어보니 알겠더라. 감독 취임하고 바로 다음 날에는 이전에 인연을 맺었던 팀의 주축 선수들이 나를 찾아와서 다른 팀으로 보내달라고 하더라. 기가 찼다. 팀은 엉망이고, 나와 코드가 맞는 선수가 없었다. 프로 의식이 없는 선수도 꽤 있었다. 그중에는 술집을 운영하는 친구도 있을 정도였다. 구단에서 선수 관리를 하지 않는 점도 있었고, 내가 선수들을 끌고 가려 해도 안 되는 부분이 있었다. 그때는 내가 여기 왜 왔나 싶었다. 시즌 중간에는 절대 팀을 맡으면 안 된다는 생각까지 했다."

"감독이 처음이니 초반에는 어려움이 많았다. 코치를 10년 이상 하면서 감독이 되면 어떤 팀을 만들겠다는 구상은 있었다. 하지만 정작 전북이라는 팀에 대해 아무것도 모르고 감독 계약을 덜컥 한 게 문제였다. 독일에 머물고 있었는데 현대자동차 본사에서 연락이 왔다. 감독직이 공석인데 와서 면담을 할 수 있냐고 묻는데 이미 나를 감독으로 정한 느낌이었다. 사실 한 팀의 감독으로 간다고하면 선수 구성이나 인프라, 구단 문화, 역사 등을 다 알고 가야 한다. 미안한 이야기지만 난 전혀 모르고 지휘봉을 잡았다. 당시 구단 고위층에서 나한테 바라는 것은 두 가지였다. 우승은 바라지도 않고 4위 정도 상위권만 해달라는 것과 꼭 수원 좀 이겨달라는 것이었다. 당시에 전북이 수원에게 5년간 한 번도 이기지 못하던 시절이었다. 그래서 전북에게는 한이 됐던 모양이다."

"취임 직후에 사실 그만둘 뻔했다. 나는 짧으면 두 달 길어야 5개월 안에 그만둬야 할 운명이었다. 내가 K리그 최단명 감독이 될 수 있었다. 처음 감독직을 맡고 시작이 3연패였다. 첫 홈 경기에서는 1대5로 졌다. 이기는 경기는 가뭄에 콩 나듯 나왔다. 전북에 와서 5개월간 전적이 2승 3무 7패였다. 나 스스로 그만두자고 마음을 먹었다. 언제 그만둘까만 고민하고 있던 차에 갑자기 내 생각이 바뀌면서 모든 것이 달라졌다.

전북을 맡고 두 달 정도 지났을 때 하루하루가 힘들었는데 어느 날 아침에 일어났는데 마음이 오히려 편안한 거다. 정말 하다 안 되면 그만두면 된다는 식으로 긍정적인 생각을 갖게 됐다. 사람이 마음먹기에 달렸다고들 하는데 그때부터 정말 신기하게 모든 게 행복했다. 선수들도 다 예쁘고, 내 새끼처럼 느껴졌다. 그때 처음으로 단장과 저녁 식사하면서 선수 사달라고 떼도 썼다. 그런 긍정적인 생각 때문인지 첫해에 FA컵 우승을 차지하면서 내 생명이 연장됐다."

사령탑마저 한 치 앞을 예상할 수 없었던 팀이 아시아 정복을 시작으로 달라지기 시작했다. 그리고 꿈에 그리던 K리그 제패를 통해 변화의 동력이 더욱 강해졌다. 전북은 수많은 우승 트로피보다 시간이 갈수록 팀에 대한 이미지와 평판이 달라지는 것에 큰 의미를 부여했다. 2000년대만 해도 전북의 고민 중 하나는 전력 보강을 위해 빅네임을 영입하려 해도 선수가 오지 않는다고 하는 경우가 잦았다는 것이다.

영입 경쟁팀보다 연봉 등 처우를 좋게 제시해도 선수들은 전북행을 꺼렸다. 그만큼 전북은 선수들에게 매력적이지 못했다. 하지만 여러 차례 K리그 우승과 지속적인 투자를 하면서 이제는 K리그 선수에게 전북은 가고 싶은 팀으로 바뀌었다. 해외 진출을 하지 않는 선수에게는 전북의 유니폼을 입는 것이 하나의 목표일 정도다. 전북의 이미지가 이렇게 바뀌기까지는 많은 시간과 노력이 필요했다. K리그에서도 변방으로 평가받던 팀은 이제 명실상부한 빅클럽으로 성장했다. 현재 전북은 K리그를 대표하는 구단이다. 전북에서 뛰는 선수들은 K리그 최강팀을 넘어 아시아 정상에 항상 도전할 수 있는 팀이라는 자부심을 느꼈다.

담당 기자 시절 기억에 남는 일화가 하나 있다. K리그 두 번째 우승을 차지한 직후인 2012년 김제, 군산, 전주, 익산 등 연고지역을 전북의 구단 직원이 직접 다니면서 1000여 명의 시민들을 대상으로 설문조사를 실시했다. 전북의 현재를 알려는 목적이었다. 축구팬 사이에서는 한창 전북 신드롬이 일 때였지만 정작 연고지역 시민이 전북을 어느 정도 알고 있을지 궁금하기도 했다.

당시 설문조사에서 예상 밖의 결과가 나왔다. 전북 지역에 프로축구단이 있는 것을 알고 있다고 답한 시민이 채 50퍼센트가 되지 않았다. 하지만 이동국이라는 선수를 알고 있는 시민은 과반수가 넘었다. 이동국이 전북에서 4년째 뛰고 있는 상황이었지만 많은 연고지 시민들이 그것조차 모르고 있었다는 사실이 밝혀졌다. 물론 설문조사로 모든 것을 일반화할 수는 없다. 하지만 K리그 우승 트로피를 두 차례나 들고, 축구계의 이슈메이커로 자리를 잡은 전북이 일반 시민에게 아직 다가가지 못했다는 사실을 알려주는 결과였다.

전북 구단은 당시 설문조사를 토대로 마케팅과 홍보

전략을 새롭게 수립했다. 당시는 홈경기 관중이 점진적으로 늘던 시점이라 흥행에 대한 자신감이 있었다. 하지만 설문조사를 보고 마음을 다잡게 됐다. 구단 직원들은 홈구장이 위치한 전주는 물론 인근 지역까지 발로 뛰면서 전북을 알리려고 더욱더 노력했다. 그래서인지 전북은 흥행 면에서도 새로운 역사를 만들어나갔다.

전북의 드라마틱한 변화를 이야기할 때 관중 부분을 빼놓을 수 없다. 선수와 지도자를 거쳐 행정가로서 산전수전을 다 겪은 한 축구인은 이런 질문을 한 적이 있다. "어떻게 해야 관중들이 경기장을 많이 찾게 할 수 있는지 좀 알려 달라." 그는 경기 내용이 재미있다면 팬들이 자연스럽게 경기장을 찾을 것이라고 믿는 축구인이었다. 난 축구계로 따지면 주변인이지만 팬들을 경기장으로 불러 모으는 힘은 한 가지 요소만으로 충족되지 않는다는 것을 잘 알고 있다. 스타플레이어, 경기 내용, 성적, 경기장 분위기 등 복합적인 요소가 어느 정도 선을 넘어설 때 비로소 직관을 하는 팬들의 숫자가 늘어날 수 있다. 그것을 가장 잘 증명한 구단이 바로 전북이다.

전북은 2010년대 들어 폭발적으로 팬이 증가했다. 2009년 리그 첫 번째 우승 전만 해도 4만 명 이상을 수용

할 수 있는 전주월드컵경기장은 경기마다 텅텅 비어 있었다. 전북에 죽고 사는 열성 서포터는 항상 일정 수가 유지됐지만 경기를 가볍게 즐기는 이른바 라이트 팬덤은 취약했다. 전북은 이른바 '닥공'이라 불리는 공격적인 축구와 리그 최상위권을 꾸준히 유지하는 성적, 그리고 이동국, 이재성, 김민재 등 스타플레이어들의 등장을 바탕으로 흥행 전선에 불을 붙였다.

K리그는 2012년에 실관중집계를 시작했고, 2018년부터 유료관중만 집계하고 있다. 2012년 이전까지는 관중 부풀리기가 공공연했고, 공짜표도 성행했기 때문에 관중 기록에 의미를 두기는 힘들었다. 전북은 2009시즌을 기점으로 성적뿐 아니라 관중 수에서도 선두 경쟁을 하는 팀으로 변모했다. 탄탄한 팬덤을 갖추고 있는 FC서울, 수원 삼성과 함께 관중 '빅3'를 형성하는 팀이 되었다.

2015시즌에는 창단 후 처음으로 관중 1위를 차지하면서 성적과 흥행이라는 '두 마리 토끼'를 모두 잡는 팀으로 인정받았다. 전북은 관중 몰이에서 핸디캡을 안고 있다. 전라북도를 연고지로 삼는 전북은 대도시 연고팀에 비해 관중 동원에 어려움이 있다. 하지만 그런 약점을 극복하면서 K리그에 새로운 바람을 불어넣고 있다.

누군가 K리그를 경기장에 직접 가서 보고 싶다고 하면 난 주저 없이 전주에 가보라고 추천한다. K리그 경기가 재미없고, 지루하고, 박진감이 떨어진다는 편견을 한 번에 날려버릴 수 있기 때문이다. 전주월드컵경기장은 열정적인 경기 내용과 함께 축구만이 가진 응원의 힘을 느끼게 해주는 몇 안 되는 K리그 구장이다.

진정한 더블스쿼드

　　　　　　　명문을 꿈꾸는 구단의 로망
중 하나는 바로 더블스쿼드 구축이다. 더블스쿼드의 사전
적 의미는 포지션별로 두 명 이상의 선수를 보유하는 것
이다. 아시아축구연맹 챔피언스리그에 출전하는 팀들은
겨우내 전력 보강에 신경을 많이 쓴다. ACL에 출전하는
팀들은 K리그와 FA컵까지 세 개 대회를 한꺼번에 소화해
야 하기 때문에 강행군이 불가피하다. 특히 시즌 초반인
3~5월에는 주중과 주말로 이어지는 일정이 수두룩하다.
시즌 막판에야 '선택과 집중'을 하겠지만 초반에는 모든
대회에 전력투구를 하는 것이 일반적이다. 그래서 두꺼운
선수층이 필요하다.

　　더블스쿼드를 구성하려면 반드시 적극적으로 투자해
야 한다. 포지션별로 두 명 이상의 즉시 전력 자원들로 선

수단을 채우는 것은 쉽지 않은 일이다. 대부분의 ACL 출전팀들은 더블스쿼드 구성을 목표로 삼지만 현실화하는 데는 어려움이 있다. 제대로 된 더블스쿼드를 가동하려면 주전급 선수와 백업 선수의 기량차가 적어야 한다. 주전을 투입하든 백업을 투입하든 경기력에 큰 차이가 없어야 하기 때문이다.

전북도 매 시즌 꾸준하게 더블스쿼드 구성에 심혈을 기울이고 있지만 만족하기는 힘든 실정이다. 그럼에도 K리그에서 제대로 된 더블스쿼드를 가동하는 팀은 전북이 거의 유일하다. 최강희 감독은 재임 시절 "더블스쿼드가 밖에서 보면 좋아 보일 수도 있다. 하지만 엇박자를 내는 부분도 있다. 경기마다 선수의 교체가 많다 보니 조직적인 부분에서는 문제가 많고, 선수들도 힘들어하는 부분이 있다"면서 고충을 전하기도 했다.

전북은 매 시즌 아시아 정상 정복을 향해 전력 질주하고 있다. 국가대표팀에 이름을 올릴 만한 활약을 펼친 선수들은 여지없이 전북 유니폼을 입었다. 특히 최강희 감독 시절에는 '찍으면 온다'는 말이 있을 정도로, 전북이 낙점한 선수는 영입에 성공했다. 선수 영입에 관한 재미있는 일화도 있다. 전북이 두 번째 리그 우승을 차지한

2011년 시즌 직후, K리그 시상식에서 열린 기자회견에 감독상을 받은 최강희 감독과 신인상을 받은 당시 광주 미드필더 이승기가 나란히 참석했다.

시상식 직후에 MVP, 감독상, 신인상 수상자가 기자회견을 갖는 것은 일반적이다. 이날은 우연치 않게 감독상과 신인상 수상자가 함께 취재진 앞에 섰다. 최 감독은 기자회견에 앞서 "광주 감독님 몰래 이승기를 데려오고 싶다"면서 선수에게 "승기야, 전북 올래?"라고 러브콜을 보냈다. 갓 프로에 데뷔한 이승기는 선뜻 대답을 하지 못했다. 이어진 취재진과의 문답시간에 최 감독은 또 한 번 이승기에 대한 관심을 드러냈다. 차기 시즌 미드필더 보강에 대한 질문이 나오자 최 감독은 "이 자리에서 마음을 바꿨어요. 오로지 이승기만 영입하고 싶어요"라고 말해 행사장을 웃음바다로 만들었다. 하지만 당시 최 감독의 발언은 빈말이 아니었다. 이승기가 2013시즌을 앞두고 전북의 유니폼을 입으면서 시상식 장면이 계속해서 회자됐다.

전북만 선수들에게 러브콜을 보낸 것 아니다. 사실 선수들도 전북행을 원하고 있다. '우승을 해봐야 본전'이라는 압박감이 있긴 하지만 언젠가부터 전북은 선수들에게 꼭 가고 싶은 구단이 됐다. 최고의 선수가 모이는 곳에서 축구를 할 수 있다는 것은 선수에게 큰 메리트다. 또한 이기는 습관이 베어 있는 팀에서 뛴다는 것은 선수에게 축복과도 같은 시간이 될 수 있다. 전북의 유니폼을 입었다는 것은 K리그에서만큼은 기량을 인정받았다는 의미이기도 하다. 젊은 선수들은 전북을 종착지라기보다 징검다리로 여기기도 한다.

독일로 떠난 이재성이나 중국 슈퍼리그에 진출한 김신욱, 김민재와 같이 전북에서의 활약을 발판으로 꿈을 이루거나 좋은 조건에서 새로운 도전에 나서는 선수들이 늘어나고 있다. K리그에서 구슬땀을 흘리고 있는 선수에게는 이재성, 김신욱, 김민재가 현실적인 롤모델이 될 수밖에 없다. 프로 선수라면 자신의 가치를 인정해주는 곳에서 뛰고 싶어 하는 것이 당연하다. 2006년과 2016년 아시아 정상에 오른 전북은 ACL 무대의 단골손님이자 우승후보다. 자연스럽게 전북에서 활동하는 선수들은 아시아 클럽들의 관심을 받기 쉽다. 선수들에게는 ACL을 통해 자신의 가치를 끌어올릴 수 있는 기회가 매 시즌 찾아오는 것도 전북의 유니폼을 입고 싶은 이유이기도 하다. 선수들이 전북을 선호하는 또 하나의 이유는 바로 최상급 훈련 인프라 때문이다. 2013년 완공한 클럽하우스는 축구 선수라면 한 번

쯤 생활해보고 싶은 곳이다. 전북 클럽하우스는 2009년 우승 직후 축승연에서 구단주인 현대자동차 정의선 부회장이 건립을 약속하면서 시작됐다. 그리고 기왕이면 최고의 클럽하우스를 만들자는 목표하에 1년간 국내외 유명 클럽하우스를 시찰하면서 장점들을 벤치마킹한 결과를 고스란히 담았다. 당초 계획한 예산을 크게 웃도는 비용이 들었지만 모기업의 전폭적인 지원에 따라 세계적인 클럽하우스로 완성됐다.

300억 원 이상이 투자된 클럽하우스는 명품이라는 말이 어울릴 정도로 완성도가 높다. 무엇보다 선수단의 동선을 최적화하려고 선수의 시각에서 설계했다는 점이 많은 관심을 받았다. 유럽 빅클럽에서나 볼 법한 축구화 피팅룸 등 아주 사소한 것까지 배려한 흔적이 선수들의 마음을 사로잡는다. 또한 실내 구장과 수중 치료실 등 선수들이 훈련과 재활에 전념할 수 있는 최첨단 시설을 갖춘 부분도 이목을 집중시켰다.

최고의 선수들이 모인 전북은 어느 팀보다 주전 경쟁이 심하다. 다른 구단에 가면 모두 주전으로 뛸 수 있는 선수들이라 자존심 싸움도 적지 않다. 아무리 좋은 팀에 있어도 결국 선수는 그라운드에 나서지 못하면 상품성이 떨어지기 마련이다. 지금보다 더 좋은 대우를 받고, 더 나은 무대로 가는 과정에서 경쟁은 불가피하다.

전북은 항상 국가대표팀의 축소판으로 불릴 만큼 수준급 선수가 즐비했기 때문에 그라운드를 밟기 위한 경쟁이 뜨거웠다. 전북 선수들은 종종 실전이 훈련보다 쉽다고 말한다. 전북의 훈련은 실전을 방불케 할 정도로 치열하다. 훈련에서 코칭스태프에게 눈도장을 받아야 경기에 출전할 기회를 잡을 수 있기 때문에 훈련 시간에 모든 것을 쏟아붓는 것이 일상화됐다. 전북 이적생들은 뜨거운 훈련 열기에 깜짝 놀라곤 했다. 팀 특성상 붙박이 주전이 거의 없기 때문에 노력하면 누구에게나 기회가 찾아온다는 인식이 선수단 사이에 자리 잡았다. 수준급 경기력을 갖춘 선수의 무한 경쟁은 팀을 전반적으로 업그레이드하는 효과를 낳았다. 한편으로는 이러한 팀 분위기 때문에 기현상도 나타났다.

전북은 2010년대 들어 최강팀으로 군림하고 있지만 득점, 도움 등 개인상 부분에서는 예상보다 두각을 나타내지 못했다. 특히 전북은 거의 매 시즌 팀 득점에서 선두에 올랐지만 득점왕을 배출한 적은 2009년 이동국이 마지막이다. 이후 11년간 전북 소속 공격수는 1위를 차지하지 못하고 있다. 도움왕은 루이스(2009), 이동국(2001), 이승기 (2014), 문선민(2019) 등이 3~4년에 한 번씩 영예를 안았다. 득점왕뿐만 아니라 매 시즌 직후 선정하는 K리그 베스트11 공격수 부문에서도 전북은 2015년 이동국을 마지막으로 명맥이 끊겼다. K리그에서 가장 강한 공격력을 뽐내는 전북에서 득점왕이 장기간 나오지 않는 이유는 일상화된 로테이션과 연관이 있다. 2019시즌 전북 공격진 가운데 리그에서 30경기 이상 선발 출전한 선수는 로페즈가 유일하다. 이동국은 33경기를 뛰었지만 교체 출전한 경기가 절반이 넘는 18경기다. 전북은 매 시즌마다 K리그, ACL, FA컵 등 세 개 대회를 병행하고 있기 때문에 팀의 에이스라고 해도 K리그 전 경기를 소화하기 쉽지 않다. 그리고 체력적인 안배가 필요하므로 선발 출전만 고집하기도 어렵다. 제한적인 출전 시간이 개인상 경쟁에서 다소 멀어질 수밖에 없는 이유다.

전북의 전성기를 함께한 최강희 감독은 이런 속사정을 잘 알고 있었기 때문에 항상 선수들에게 미안한 마음을 가졌다. 하지만 팀을 위해서는 어쩔 수 없는 선택이었다. 개인보다 팀을 먼저 생각한다면 선수들도 어느 정도 희생을 감수할 수밖에 없다.

팬을 찾습니다

"와, 진짜 대단하다. 오사카 한복판에서 그림이네. 그림."

"축구 좋아하는 커플이나 부부에게는 로망 같은 장면인데."

"저 분들 구단에서 상 줘야 하는 거 아니에요?"

"아마 휴가 내고 여기까지 왔을 텐데 진정한 팬이네요."

"다른 게 애국이 아니야. 저런 게 애국자야. 정말 멋지다."

2015년 9월 16일. 아시아축구연맹 챔피언스리그 취재를 위해 일본 오사카를 찾은 취재진 앞에 눈에 확 띄는 한 가족이 나타났다. 오사카의 중심부인 도톤보리 한 거리에서 전북의 녹색 유니폼을 입은 부부와 어린 딸이 어디론가 걸어가고 있었다. 전북이라는 팀을 모르는 일본인이라도 밝은 녹색의 상의를 맞춰 입은 세 가족을 한 번쯤을 쳐다볼 만했다. 그들의 뒷모습을 바라보는 취재진의 입가에는 미소가 절로 지어졌다. 그리고 한 마디씩 거들었다. 아이가 있는 취재진에게는 "나도 언젠간 꼭 해봐야겠다"는 말이 절로 나오는 모습이었다. 함께 있던 구단 관계자도 적진(?) 깊숙한 곳에서 당당하게 전북 유니폼을 입고 활보하는 가족을 한동안 넋 놓고 바라봤다.

전북과 감바 오사카의 ACL 8강 2차전이 열리는 날의 풍경이었다. 전북이 K리그를 넘어 아시아 무대 정복을 본격화하면서 ACL 원정 경기를 함께하는 팬들도 늘어났다. 이날도 300여 명의 전북 팬들이 오사카를 찾았다. 해외 원정을 함께하는 팬들은 자비로 모든 것을 준비한다. 직장인들은 휴가를 내고, 항공편과 숙소, 경기 티켓까지 손수 마련해 긴 여정을 함께한다. 해외 원정을 아이와 함께 하는 경우가 많지 않아서인지 오사카에서 만난 전북 팬 가족은 더욱 눈길을 끌었다. 사실 기자도 해외에 나가면 절로 '애국자 모드'가 된다. 국내에서는 응원하는 팀이 있다 해도 경기장에서 소리 내 환호하는 등 감정을 드러내는 일이 거의 없다. 하지만 ACL과 같은 국제 경기라면 감정을 숨기지 않는다. 해외 원정 경기는 특히 그렇다. 그래서인지 경기장 밖에서 만난 가족 팬이 기억에 진하게 남았다.

당시 전북이 K리그 구단 가운데 유일하게 ACL 8강에 진출한 상황이라 경기에 시선이 집중됐다. ACL은 국가대항전이 아니지만 아시아 각국 리그를 대표하는 클럽의 자존심을 건 대결이라 클럽판 A매치나 다름없다. '절대 1강'으로 불리는 전북은 ACL에서 태극마크를 달고 뛰는 것이나 다름없었다.

전북의 오사카 원정은 K리그의 2015시즌 성패를 좌우하는 경기였다. K리그는 2009년부터 2014년까지 여섯 시즌 연속 ACL 4강 이상의 성적을 내면서 아시아 최강을 자부해왔다. 특히 2009년 포항, 2010년 성남이 대회 정상에 올랐고, 2011년에는 아쉽게 우승 문턱을 넘지 못했지만 전북이 결승에 진출했다. 이후 2012년 울산이 우승컵을 들어 올렸고, 2013~2014시즌 서울이 결승과 4강에 진출하면서 K리그 팀들의 ACL 강세가 이어졌다.

하지만 2015시즌에는 16강에서 서울과 수원이 J리그 클럽들에게 연이어 탈락의 쓴맛을 보면서 전북만 8강에

생존했다. 8강에서 감바 오사카를 만난 전북이 K리그를 대표해 J리그 클럽을 응징해줄 것이라는 기대감이 높았다. 전주성에서 열린 감바 오사카와의 8강 1차전은 0대0으로 비겼다. 홈에서 무실점을 한 전북은 다소 유리한 입장에서 오사카 원정에 나섰다.

원정 2차전을 취재하러 국내 취재진이 30여 명 정도 오사카를 찾았다. 그만큼 전북에 거는 기대와 관심이 높았다. 많은 시간이 지났지만 이날 경기는 전북 팬들이 쉽게 잊을 수 없는 90분이었다. 경기 막판 승부가 요동쳤기 때문이다. 두 팀은 전반을 1대1로 마무리했다. 원정 다득점이 적용되기 때문에 전북은 비기기만 해도 4강에 오를 수 있는 상황이었다. 하지만 전북은 후반 31분 감바 오사카에게 역전골을 내주면서 위기에 내몰렸다. 결국 중앙 수비수 두 명을 빼고, 공격수 두 명을 투입하는 극단적인 전술을 활용한 끝에 후반 43분 우르코 베라의 극적인 동점골이 터져 나왔다. 이 경기는 2대2로 마무리 될 것이라는 전망이 지배적이었다. 하지만 경기 종료 1분을 남겨둔 후반 추가시간 감바 오사카의 요네쿠라 고키가 극적인 결승골을 터뜨리면서 결국 전북은 무릎을 꿇었다. 90분 동안 양 팀 벤치는 물론 기자석도 수 차례 들썩거릴 만큼 경기 자체는 명승부였다. 옥의 티는 전북이 극적인 경기의 패자였다는 점 하나였다. 그렇게 전북은 2015시즌 ACL을 마감했다. 마지막 보루였던 전북의 4강 진출 실패로 K리그도 아시아 무대에서 쓸쓸하게 퇴장했다.

결과는 아쉬웠지만 전북이 모든 것은 잃은 것은 아니었다. 이듬해 2월 새 시즌을 앞두고 전북 구단 SNS에 어디선가 본 듯한 사진 한 장과 함께 "사람, 아니 팬 가족을 찾습니다!"라고 시작되는 장문의 글이 올라왔다. 오사카 원정에서 취재진의 부러움을 독차지했던 그 가족팬을 찍은 사진이었다. 아빠는 등번호 8번(에닝요), 엄마는 등번호 10번(레오나르도)이 적힌 전북 유니폼을 입었고, 녹색 티를 입은 어린 딸은 엄마 손을 꼭 잡은 채 한 손엔 인형을 들고 일본어 간판으로 뒤덮인 오사카의 한 거리를 걷고 있는 모습이었다.

"2015시즌, 감바 오사카와의 8강전에서 우리는 경기종료 1분을 남겨두고 분패를 하고 말았습니다. 목표를 잃고 절망감에 빠져 있던 우리 구단에 한 기자분께서 한 장의 사진을 전달했습니다. 전북 현대 유니폼을 입고 아빠와 엄마 사이에서, 엄마의 손을 잡고 나란히 걸어가는 아이의 모습이 담긴 사진이었습니다. 단순히 눈에 띄는 것이 아니라, 타국에서 우리 전북을 응원하는 모습이 우리 구단에 소소한 감동을 전하는 사진이었습니다. 화목한 이 가족이 승리의 기쁨을 느껴보지 못하고 돌아갔을 생각에 마음이 아파오기도 했습니다. (중략) 따뜻한 사진 한 장으로 구단에 안겨주었던 감동을 이 가족에게 돌려주고 싶습니다."

전북은 2016시즌 ACL 조별리그 1차전 상대가 J리그 클럽인 FC도쿄라는 점과 지난 시즌 아쉬움을 털고 새롭게 출발하겠다는 의지를 보이는 자리라는 점을 이유로 이 가족팬을 수소문한 끝에 경기에 초청했다. 어떻게 보면 아무것도 아닌 사진 한 장이라고 생각할 수 있다. 하지만 가족팬에게는 평생 잊지 못할 추억이 되었고, 구단은 팬들과 또 하나의 스토리를 만들었다.

모든 스포츠에서 팬은 소금과 같은 존재다. 특히 프로 스포츠는 팬이 없다면 존재 자체가 무의미해진다. K리그 구단도 팬을 위해 많은 노력을 기울이고 있다. 전북은 최근 매 시즌마다 K리그 관중 선두 경쟁을 할 만큼 흥행 면에서도 빅클럽으로 자리를 잡았다. 그만큼 새로운 팬을 유입하고, 기존 팬에게 만족감을 줄 수 있는 프로모션을 고민하고 있다. 쓰디쓴 패배를 당한 그날 함께 울어준 팬을 잊지 않고 다시 찾는다는 것은 쉽지 않은 일이다. 이런 작은 울림이 팬에게는 정말 큰 메시지로 다가올 수 있다. 꼭 큰 경품을 걸고, 화려한 행사를 해야 팬을 경기장으로 끌어모을 수 있는 것은 아니다. 오히려 아주 작은 부분까지 세심하게 배려해주는 모습을 보일 때 더 많은 팬이 구단과 K리그에 관심을 가질 수 있다.

전북은 2019년에도 또 한 번 팬들을 찾아나서 화제가 됐다. 유난히 태풍이 잦았던 2019년 여름, K리그도 기상악화 탓에 경기가 취소되는 흔치 않은 상황을 맞았다. 2019년 9월 22일 울산종합운동장에서 열릴 예정이었던 울산-강원, 창원축구센터에서 열릴 계획이었던 경남-전북의 경기가 태풍 '타파'의 영향으로 연기됐다. 실외 종목인 축구는 눈, 비 등이 와도 경기를 취소하는 경우가 드물다. 경기 진행이 어려울 정도로 시야가 확보되지 않거나 공기의 질이 좋지 않을 경우에만 취소가 된다.

이날은 태풍 때문에 선수와 관중의 안전 문제가 불거질 수 있다는 판단에 전격적으로 경기 연기가 결정됐다.

하지만 두 경기 모두 킥오프 두세 시간 전에야 경기 취소가 결정됐다는 점은 아쉬움으로 남았다. 원정 팬은 경기 전날이나 당일 이른 시간에 경기장으로 향하기 때문에 일찌감치 태풍 예보가 있던 상황이라면 경기 취소 결정을 좀 더 빨리 내렸어야 했다는 의견도 나왔다. 실제로 일부 팬들은 경기장에 도착하거나 향하는 도중에 취소 결정을 듣고 발길을 돌리기도 했다.

전북은 간과할 수 있었던 팬들을 살뜰하게 챙겼다. 원정 응원을 하러 창원을 찾았다가 헛걸음한 팬들을 찾아 나선 것이다. 전북은 경기 취소 다음 날 구단 SNS에 "지난 22일 경남 원정 경기를 관람하기 위해 개별적으로 원정 응원길에 나섰던 전북 팬분들을 찾습니다. 이동거리와 시간을 고려해 미리 창원으로 이동했지만 태풍의 영향으로 아쉽게 발길을 돌리셨을 개인 원정팬들께 조금의 위로가 되었으면 하는 마음에 구단에서 소정의 기념품을 드리려고 합니다"라고 공지했다.

경기 취소라는 예상치 못한 변수에 대처한 전북의 팬 서비스가 빛난 사례다. 전북의 세심한 배려는 타 구단 팬들에게 오히려 더 큰 호응을 얻었다. 아주 작은 것부터 신경 쓰는 전북의 모습에 K리그 팬들은 박수갈채를 보냈다.

프로 구단은 팬을 가장 먼저 생각한다는 의미의 '팬 퍼스트'를 실현하고자 노력한다. 전북은 '팬 퍼스트'가 거창하고, 멀리 있는 것이 아니라는 것을 잘 보여줬다.

Injury Time 추가 시간

3가지 희망사항

#1. 프란체스코 토티, 폴 스콜스, 라이언 긱스, 카를레스 푸욜의 공통점은 무엇일까.

바로 원클럽맨이라는 것이다. 토티는 이탈리아 AS로마, 스콜스와 긱스는 잉글랜드 맨체스터 유나이티드, 푸욜은 스페인 바르셀로나의 전설이 된 선수다. 이들은 프로 데뷔 이후 특정 팀에서 활동한 정도를 넘어 유소년 팀부터 시작해 축구화를 벗을 때까지 단 한 팀을 위해 뛰었다.

프로는 철저하게 시장 원리에 의해 움직인다. 선수도 조금이라도 더 좋은 조건을 제시하는 팀의 유니폼을 입는 것을 당연하게 여긴다. 유럽 축구계에서 대표적인 '저니맨'으로 통하는 즐라탄 이브라히모비치는 1999년 스웨덴 말뫼에서 프로에 데뷔한 뒤 2020년 이탈리아 AC밀란까지 아홉 개의 팀을 거쳐 갔다. 2~3년에 한 번꼴로 새 팀을 찾은 것이다. 반면 현역 최고 스타인 리오넬 메시는 아직 은퇴 전이지만 스페인 바르셀로나에서 유소년 팀부터 시작해 20년째 한 유니폼만 입고 있다. 그래서인지 원클럽맨에게는 흔히 특정 팀에 순정을 바쳤다는 표현을 쓰기도 한다. 실력면에서 톱클래스로 평가받는 이들이 원클럽맨을 고수한 데는 나름의 이유가 있을 것이다. 뜬금없이 유럽 축구의 대표적인 원클럽맨 이야기를 꺼낸 이유가 있다.

전북을 지켜보면서 아쉬운 점이 몇 가지 있었기 때문이다. 전북은 모든 것을 다 가진 구단처럼 보인다. 하지만 부족한 점이 있다. 바로 프랜차이즈 스타가 없다는 사실이다. 연고지에서 출생하고 유년 시절을 보내지 않았더라도 최소한 유스팀에서 성장하고, 성인팀의 얼굴이 된 선수가 아직까지는 보이지 않는다. 전북이 2019시즌까지 총 일곱 차례 리그 우승을 하면서 이 모든 우승 현장을 함께한 선수는 단 두 명이다. 공격수 이동국과 수비수 최철순이 그들이다. 이동국은 만 30세가 되던 2009년 전북의 유니폼을 입은 뒤 10년 동안 한결같이 그라운드를 누볐다. 최철순은 현역 가운데 최장 기간 전북의 원클럽맨으로 활동하고 있다. 2006년 전북에 입단한 뒤 군 생활을 한 2년을 제외하면 전북만을 위해 뛰었다. 아마도 전북의 역사를 대변해줄 수 있는 인물은 이동국과 최철순 정도를 꼽을 것이다. 하지만 뿌리부터 전북이라고 표현하기엔 부족함이 있다.

전북은 2009년 전주 영생고를 18세 이하(U-18) 팀으로 선정하면서 본격적인 유스 시스템을 가동했다. 일찌감치 유스 시스템을 구축한 전남, 포항 등에 비해서는 시작이 많이 늦었지만 그래도 의미 있는 첫 발을 내디뎠다. 하지만 유스 시스템이 정착된 지 10년이 지난 현재까지 유스 출신 가운데 전북에서 대체 불가능한 자원이 된 선수는 찾아보기 힘들다.

프랜차이즈 스타가 탄생하려면 선수와 구단이 서로 어느 정도의 희생을 각오해야 한다. 선수 입장에서는 치열한 경쟁 속에서 기회를 잡기 위해 노력해야 한다. 프로 선수는 자신의 가치를 인정해주는 곳에서 뛰는 것이 당연하다. 구단 입장에서도 유스 출신이라는 이유만으로 출전 기회를 우대해줄 수는 없다. 지난 10년간 K리그 최강 구단으로 군림해온 전북은 '신인들의 무덤'이나 마찬가지였다. 2009년 리그 첫 우승 이후 K리그 구단 가운데 사실상 유일하게 더블스쿼드를 구축해왔다. 포지션마다 복수의 경쟁자가 버티고 있는 상황에서 고교 졸업 직후나 대학을 거친 신인이 출전 기회를 잡기란 쉬운 일이 아니다. 하지만 그 바늘구멍을 뚫는 확률을 잡은 선수는 어김없이 대성했다. 독일과 중국으로 진출한 미드필더 이재성과 중앙 수비수 김민재가 대표적이다.

김현을 시작으로 이주용, 장윤호, 권경원, 김신 등 유스 출신 기대주들이 전북 유니폼을 입으면서 야심차게 K리그 무대에 뛰어들었다. 하지만 이들 대부분은 전북에서 살아남지 못했다. 공격수 김현은 유스 출신 첫 주자라는 점에서 전북 입단 당시 스포트라이트를 받았다. 영생고가 창단 직후 전국대회 우승을 차지하는 등 굵직한 성과를 내면서 출신 선수에 대한 기대감도 높아졌다. 하지만 그 중심에 있던 김현은 프로에 데뷔하고 한 시즌 만에 성남으로 임대되면서 전북과의 인연이 일찌감치 마무리됐다.

제2의 이동국이 될 것이라고 기대한 공격수 김신도 전북에서 프로에 데뷔한 직후 자매결연 구단인 프랑스 올림피크 리옹으로 2년간 임대를 갔지만 유럽 무대의 높은 벽만 확인한 채 국내로 유턴했다. 이후에는 전북 유니폼을 더 이상 입지 못하고 부천, 충주 등 2부 리그에서 뛰다 결국 최근에는 내셔널리그 무대에서 선수 생활을 이어가고 있다.

최근 국가대표팀에 자주 부름을 받고 있는 권경원도 전북 유스 출신이다. 어찌 보면 권경원이야말로 유스 출신 프렌차이즈 스타가 될 가능성이 가장 높았던 선수였다. 하지만 될성 부른 떡잎이라 그런지 전북에서 온전히 성장하지 못했다. 권경원은 프로 3년차인 2015시즌을 앞두고 최강희 감독이 키플레이어로 꼽았던 선수다. 이전 시즌 중원을 책임진 베테랑 미드필더 김남일이 돌연 J리그행을 선택하면서 그 역할을 신인급이던 권경원에게 맡기려 했다.

피지컬적인 면에서도 모자랄 것이 없었고, 2년간 훈련을 지켜본 결과 전북의 중원 사령관이 되기에 충분하다는 판단을 내렸다. 하지만 2015시즌을 앞둔 동계 전지훈련에서 예상 밖의 일이 생겼다. 아랍에미리트연합(UAE)에서 열린 현지 클럽과의 평가전이 권경원의 축구 인생을 송두리째 바꿔 놓았다. 당시 평가전 상대인 알 아흘리의 사령탑은 K리그 수원에서 활약한 코스민 올라로이우 감독이었다. 평가전을 지켜본 올라로이우 감독은 권경원의 플레이에 매료됐다.

알 아흘리는 권경원을 붙잡으려고 거액의 연봉을 제시했다. K리그에서 사실상 보여준 것이 없는 권경원은 알

아흘리의 러브콜을 뿌리치기 힘들었다. 알 아흘리가 전북 구단에 적지 않는 이적료를 약속하면서 권경원의 중동 진출은 급물살을 탔다. 권경원의 해외 진출은 갑작스럽게 진행됐고, 4년 반 동안 중동과 중국 무대를 거쳐 2019년 여름에야 친정팀 전북으로 돌아왔다. 권경원이 2015년 당시 알 아흘리로 이적하지 않고 전북에서 뛰었더라도 아직까지 원클럽맨으로 활약했을 거라고 장담할 수는 없다.

측면 수비수 이주용은 유스 출신으로 전북 유니폼을 장기간 입고 있다. 2014년 데뷔 시즌에 22경기를 소화하면서 혜성같이 등장했지만 이후 꾸준하게 주전 경쟁에서 우위를 점하지 못한 것이 아쉽다. 현역 시절 측면 수비수로 뛰던 최강희 감독은 이주용의 성장을 각별하게 신경 쓰기도 했다. 전북에서 풀타임으로 다섯 시즌째를 맞는 그는 2020시즌에 달라진 모습을 보여줘야 한다.

전북 하면 누구나 떠올릴 만한 원클럽맨이 등장하기까지는 많은 시간이 필요할 것으로 보인다. 그래도 다행스러운 점은 전북이 유스 시스템에 많은 신경을 쓰고 있다는 사실이다. 축구단의 유스팀에 대한 투자는 수익률이 불명확한 금융상품에 투자하는 것이나 마찬가지다. 당장 결과가 나타나거나 눈에 보이는 성과가 없기 때문에 투자가 꺼려질 수밖에 없다. 눈앞의 성적을 올리려고 1군 선수단에 이름값 있는 선수를 영입하는 것은 당연하게 여기지만 먼 미래를 바라보고 유스팀에 투자하는 것은 이례적인 일로 여긴다.

그래도 전북은 2010년대 들어 확실히 방향을 설정한 뒤 전진하고 있다. 전북은 2011년 두 번째 K리그 우승 이후 튼튼한 뿌리를 내리기 위해 유소년 팀에 많은 공을 들이고 있다. 구단의 자생력을 키우려면 유스 시스템의 완성도가 높아져야 한다는 사실을 인식한 것이다. 전북은 2005년부터 5년과 10년짜리 중장기 프로젝트를 진행해오고 있다. 그 결과 일곱 차례 정규리그 우승, 두 차례 아시아챔피언스리그 정상 등극, 세계적인 수준의 클럽하우스 완공, 유소년 시스템 정착 등을 통해 내실 있는 구단으로 성장해 나가고 있다.

2015년 전북이 발표한 '비전 2020'에는 유소년 지원에 대한 의지가 듬뿍 담겨 있다. 실제로 전북은 꾸준히 유소년 선수들을 올림피크 리옹에 연수 보내는 등 글로벌 인재 육성에 힘을 기울이고 있다. '비전 2020'에서 가장 눈에 띄는 부분은 유소년 선수가 생활할 수 있는 클럽하우스 신축 계획이었다. 당시만 해도 모기업의 든든한 지원이 있었기 때문에 클럽하우스가 빠르게 건립될 것이라고 기대했다. 하지만 여전히 계획은 있지만 아직까지 첫 삽을 뜨지 못했다. 올해가 '비전 2020'의 마지막 해라 약속을 지킬 시간은 아직 남아 있다.

늦었다고 생각했을 때가 가장 빠르다는 말이 있다. 전북은 K리그 구단 가운데 유스 시스템 정착이 늦은 편에 속한다. 하지만 꾸준히 투자하고 관심을 보이자 유스 시스템을 통한 성과가 서서히 나타나고 있다. 유스 시스템은 구단의 젖줄이 될 수 있다. 보다 완성도 높은 구단이 되려는 전북의 노력이 계속해서 이어져야 하는 이유이기도 하다.

#2. 흔히 자신이 갖지 못한 것을 탐하면서 "부러우면 지는 거다"라고 이야기한다. K리그에서는 대부분의 구단이 전북을 부러워한다. 그렇다고 해서 전북이 모든 것을 가진 것은 아니다. 전북이 부러워해야 할 대상도 있다. 전북이 지금보다 한 단계 더 업그레이드된 구단이 되려면 세계적인 스타플레이어를 영입해야 한다는 의견이 꾸준히 나온다. 한 구단을 넘어 정체된 K리그에 변화를 주기 위해서라도 리딩 구단인 전북이 나서줘야 한다는 시각이

있다.

K리그는 일본의 J리그와 자주 비교된다. J리그는 최근 빅네임 영입으로 많은 화제를 생산해냈다. 2014년 세레소 오사카가 2010남아공월드컵 득점왕을 차지한 디에고 포를란을 영입한 것을 시작으로 페르난도 토레스, 루카스 포돌스키, 안드레스 이니에스타, 다비드 비야 등 세계적인 스타플레이어들을 연이어 데려오면서 K리그 팬들의 부러움을 사고 있다.

사실 빅네임들이 J리그에서 모두 성공적으로 연착륙한 것은 아니다. 대부분 유럽에서 전성기를 누리던 시절에 비해 다소 부족한 모습을 보여줬다. 스타들은 선수 생활의 황혼기에 일본을 찾았지만 티켓 파워에는 문제가 없었다. 영입 단계부터 입단식과 데뷔전 등 연이어 이벤트가 이어지면서 축구팬들의 시선을 사로잡는 효과를 발휘했다. J리그는 스타들의 영입 덕분에 흥행에 확실하게 청신호가 켜졌다. 거액의 연봉을 보장하며 스타플레이어 영입에 나선 J리그 구단들은 '성적과 흥행'이라는 두 마리 토끼를 모두 노렸다. 성적은 팀별로 희비가 엇갈리고 있지만 적어도 흥행 면에서는 성공가도를 달리고 있다. J리그 무대에 세계적인 선수가 등장하자 경기장을 찾는 팬들의 숫자가 대폭 증가했다.

2018년 여름 이적 시장에서 바르셀로나의 전설로 불리는 이니에스타가 비셀 고베의 유니폼을 입었고, 유로 2012와 2013년 컨페더레이션스컵 득점왕을 거머쥔 공격수 토레스가 사간 도스로 이적하면서 J리그는 흥행에 불이 붙었다. 두 구단은 빅네임 합류 이후 홈 관중이 40퍼센트 안팎으로 늘어나는 등 스타 영입 효과를 톡톡히 봤다. 세계적인 선수들은 전국구 스타가 돼 어느 경기장을 가든 팬들을 몰고 다니고 있다.

빅네임 영입은 J리그 전반에 활기를 불어넣었다. J리그는 스타플레이어들의 연이은 등장으로 2018시즌 10년 만에 1부리그 경기당 평균 관중이 1만9000명을 넘었고, 2019시즌에는 평균 관중이 2만 명대를 돌파하는 가파른 성장세를 이어가고 있다.

스타플레이어 영입의 관건은 자금력이다. J리그에서 이니에스타가 약 320억 원, 포돌스키가 약 65억 원의 연봉을 받았다. J리그와 K리그는 시장 크기 자체가 다르다. 중계권만 놓고 봐도 J리그는 지난 2016년 영국 미디어그룹 퍼폼과 10년간 2조 원대의 계약을 맺었다. 이 덕분에 매년 각 구단마다 수십억 원의 분배금이 지급되고 있고, 구단 운영에 큰 도움이 되고 있다. 반면 K리그는 최근 10년 가까이 중계권료의 변화가 없다. 연간 약 60억 원대에 머물러 있다.

K리그가 J리그에 비해 시장 규모가 작지만 그래도 믿을 구석은 있다. 바로 매년 적극적인 투자를 이어가고 있는 전북이 존재하기 때문이다. 팬들은 K리그에서 세계적인 스타를 영입할 구단으로 전북을 주목하고 있다. 전북은 절대 강자로 발돋움한 뒤 K리그 전반에 좋은 영향을 끼칠 수 있는 빅네임 영입에 대한 갈증을 항상 품고 있다. 2015년 여름에는 실제로 그 가능성을 엿보기도 했다. 전북은 한국에서 많은 인기를 끈 코트디부아르 출신 공격수 디디에 드록바 영입을 검토한 적이 있다.

당시 37세던 드록바는 소속팀인 잉글랜드 프리미어리그 첼시와의 계약 기간이 만료된 상황이라 전북이 관심을 가질 만한 여건이 됐다. 드록바는 2006독일월드컵 본선 티켓을 따낸 뒤 내전 중인 조국을 향해 "전쟁을 멈추자"는 메시지를 보낸 석이 있어 축구계에 평화적인 인물로 각인돼 있다. 분단국가인 한국에 울림을 줄 수 있는 선수라는 점에서도 높은 점수를 받을 만했다. 하지만 드록바 영입은 결국 높은 몸값 때문에 검토단계에서 무산됐다. 은퇴를 앞두고 있는 스타플레이어였지만 그의 몸값을 전북이 감당하기는 버거웠다.

이듬해 1월에는 네덜란드 출신 미드필더 로빈 판 페르시 영입설이 불거졌다. 하지만 이번엔 '아니 땐 굴뚝에 연기가 펄펄 난' 케이스였다. 당시 터키의 한 매체는 "전북이 판 페르시의 영입에 관심이 있다. 구단이 70억 원 이상의 몸값을 책임질 여력이 있다"고 보도했다. 검토조차 하지 않은 판 페르시 영입설이 터키의 언론에서 불거지면서 전북도 크게 당황했다. 이전 여름에 드록바 영입 시도 소식을 접했던 전북 팬들에게는 귀가 쫑긋할 만한 뉴스였다. 하지만 해당 보도는 관계자의 정보나 루머에서 나온 것이 아니라 아시아 매체의 보도를 인용한 오보로 밝혀졌다.

이렇듯 전북과 세계적인 스타플레이어들이 연계된 루머가 불거지는 이유는 따로 있다. 2015시즌 K리그 우승을 거머쥔 뒤 최강희 감독은 "축구팬이 아니라도 알 만한 선수를 영입하고 싶다"는 뜻을 전하면서 빅네임 영입에 대한 가능성을 처음 공개석상에서 언급했다. 최 감독은 워낙 선수 영입에 대한 의지가 강한 지도자로 정평이나 있었기 때문에 K리그 내에서도 깜짝 발표에 대한 기대감이 커졌다.

하지만 꿈이 현실로 이어지진 않았다. 2016시즌 개막을 앞두고 최 감독은 "모기업 부회장님은 큰 선수에 대한 생각을 충분히 하고 계신다. 현대자동차가 글로벌 기업인 만큼 영입이 어렵다고 생각하지 않는다. 큰 선수가 와서 보여줄 마케팅 효과를 생각하면 어느 정도 연봉을 많이 줘도 충분히 이득을 올릴 수 있다. 다만 K리그 시장이 위축되면서 확신하지 못하는 것 같은데 전북이 한 단계 더 도약하려면 지명도 있는 선수 영입이 필수다"라면서 스타 플레이어 영입 가능성을 여전히 열어 놨다. 하지만 사령탑의 바람과는 달리 이후 전북의 빅네임 영입 작업은 별다른 성과 없이 수면 아래로 가라앉았다. 결국 아직 세계적인 스타 영입에 대한 갈증은 그대로 남아 있다.

#3. 스코틀랜드 셀틱, 네덜란드 아약스와 에인트호번, 잉글랜드 맨체스터 유나이티드, 스페인 바르셀로나, 이탈리아 인테르 밀란, 독일 바이에른 뮌헨의 공통점은 무엇일까.

유럽 축구 역사의 꽃이라고 불리는 트레블(자국 리그와 FA컵, 챔피언스리그)을 달성했다는 것이다. 트레블 이야기를 꺼낸 이유는 전북을 통해 꼭 보고 싶은 순간이기 때문이다. 1983년 출범한 K리그는 100년이 훌쩍 넘는 유럽 축구에 비해 역사가 짧다. 한국 축구에서 트레블은 단 한 번도 달성되지 않는 기록이다. K리그와 FA컵을 동시에 우승하는 더블도 2013년 황선홍 감독이 이끈 포항이 유일하게 달성했다.

2019시즌을 앞두고 전북의 지휘봉을 잡은 포르투갈 출신의 조세 모라이스 감독은 데뷔 시즌 목표로 트레블 달성을 내걸었다. 목표는 높을수록 좋다. 다만 그 목표가 얼마나 어려운지는 시간이 지난 뒤에야 알 수 있다. 모라이스 감독은 시즌을 마무리하면서 이런 이야기를 남겼다.

"올시즌 트레블을 목표로 삼았다. 하지만 K리그조차 힘든 대회라고 많이 생각했다. 많은 우승 트로피를 들어 올리지 못했지만 내년에는 더 발전해야 한다. 목표를 말로 하기보다 선수들과 한 발 한 발 더 뛰고 훈련하면서 팬들이 기대하는 성적을 낼 수 있을 때까지 끝까지 노력해 볼 생각이다."

전북은 2009년 첫 리그 우승 이후 단 한 번도 3위권 밖으로는 이탈하지 않을 정도로 탄탄한 전력을 구축했지만 단기전에서는 큰 재미를 보지 못했다. 2000년, 2003년,

2005년 3회 FA컵 우승팀인 전북은 최근 14년 동안 결승에 단 한 번 올랐다. 리그 3위를 차지해 울상이던 2013시즌 FA컵 결승에 진출하며 무관에서 벗어날 것으로 예상됐지만 포항에게 덜미를 잡히며 눈물을 쏟았다. 이후에도 4강과 8강에는 자주 올랐지만 정작 FA컵 우승과는 인연을 맺지 못했다.

최근 3년간은 16강과 32강에서 탈락하는 쓴맛을 보면서 FA컵에서만큼은 K리그 최강 클럽다운 모습을 보여주지 못했다. 아이러니하게도 K리그에서 중하위권을 달리던 2000년대 초반에는 FA컵 정상에 종종 올랐지만 1강으로 불리며 대항마가 없다는 평가를 받은 2010년대 와서는 단 한 번도 우승을 차지하지 못하고 있다. 여러 가지 이유가 있겠지만 하위리그팀이나 한 수 아래의 팀과의 경기에서 방심하는 바람에 경기를 그르치는 경우가 잦았다. 또한 단판 승부의 특성을 상대가 교묘하게 이용하기도 했다. 전력 우위인 전북의 공세를 육탄방어하면서 역습으로 승부를 내거나 연장이나 승부차기까지 경기를 끌고 가는 방법으로 예상 밖의 결과를 유도했다. 그 때문에 전북은 FA컵에서는 자주 '이변의 희생양'이 됐다. 또한 우선순위로 따지면 전북에게 FA컵은 세 번째 대회라는 점이 약세의 주요 원인으로 꼽혔다.

전북은 창단 첫 K리그 우승을 차지한 2009년 이후 시즌 목표를 항상 아시아 무대 정상 정복으로 잡았다. 국내 무대 평정으로는 더 이상 성에 차지 않기도 했고, 더 큰 무대에 대한 갈증이 있었다. 시즌 시작 전부터 전북의 모든 초점은 ACL에 쏠렸다. ACL에서는 2006년 우승 이후 10년 만인 2016년에 다시 한 번 정상에 섰다. 하지만 만족하기엔 아쉬움이 많이 남는 결과였다. ACL 우승을 노리고 지속적으로 전력 보강을 하고, 선택과 집중을 해왔지만 정상에 선 시즌을 제외하면 8강과 16강 문턱을 넘지 못했다.

전북 담당 기자 시절 구단 관계자에게 "아시아챔피언스리그에서 우승하면 담당 구단을 바꾸겠다"는 이야기를 자주 했다. 전북의 ACL 정복은 개인적인 바람이기도 했다. 스포츠를 취재하는 기자는 '역사의 현장에 있었다'는 이야기를 좋아한다. 자신이 담당하는, 혹은 취재하는 팀이나 선수가 큰 대회에서 좋은 성과를 냈을 때 '대리만족'과 같은 감정을 느낀다.

그래서인지 담당 기자로 있는 동안 전북이 아시아 정상에 서는 모습을 내 눈으로 보고 싶었다. 하지만 끝내 바람은 이루어지지 않았다. 2011년 전북이 ACL 결승에 진출하면서 정상 정복이 일찌감치 현실로 다가오는 줄 알았다. 당시 거의 모든 축구인들이 압도적인 전력을 뽐낸 전북이 아시아 정상에 오를 것이라는 전망을 내놨다. 하지만 ACL이 만만치 않은 대회라는 것이 결승전에서 증명됐다. 카타르 알 사드와 격돌해 극적으로 연장까지 승부를 끌고 갔지만 결국 승부차기 끝에 패하면서 정상에 오르겠다는 일념으로 기다린 5년은 수포로 돌아갔다.

당시 K리그 우승이 유력했던 전북의 ACL 결승 패배는 여러모로 후폭풍이 셌다. 전북은 언제 그랬냐는 듯 툭툭 털고 다음 시즌부터 ACL의 문을 두드렸지만 의지만큼 결과가 나타나지는 않았다. 전북이 ACL의 높은 벽을 실감하는 동안 난 2015시즌을 마지막으로 전북 담당을 내려놓았다. 운명의 장난인 듯 2016시즌 전북은 10년 만에 아시아 정상에 오르며 포효했다. 당시 ACL 결승전을 TV로 지켜보면서 현장 취재를 하고 있을 동료들을 많이 부러워하기도 했다.

담당 기자 시절 ACL 원정 경기 취재를 다니면서 아시아 축구계에서 전북의 높은 위상을 실감한 적이 한두 번이 아니었다. 중동과 중국 프로축구가 막대한 금액을 투자하며 아시아 클럽축구 판도에 변화가 이어지고 있지만 적어도 전북만은 K리그의 자존심을 이어가는 영원한 우승후보로 평가받고 있다.

전북이 2010년대 팀 기조를 2020년대에도 꾸준히 이어간다면 K리그에서 가장 트레블에 가까이 갈 수 있는 팀이 될 것이라고 확신한다. 세 개 대회에서 우승 트로피를 들어올리려면 더 적극적인 투자를 통해 탄탄한 전력과 스쿼드를 갖춰야 한다. 물론 운도 따라줘야 한다. 전북이 트레블을 달성하는 그 짜릿한 순간이 빨리 찾아오길 기대한다.

Last Touch 라스트터치

또 다른
역사의 시작

2019년 11월 마지막 주 어느 날.

"최종라운드 취재하러 전주는 안 가도 되지 않나. 거의 뒤집힐 가능성이 없어 보이는데."

"그래도 실낱같은 희망이 있긴 하잖아요. 혹시 알아요, 전북이 역전 우승할지?"

"에이, 선배. 아무리 담당이라도 그렇죠. 이번엔 울산으로 거의 기울었어요."

"그러게. 전북이 아무리 크게 이겨도, 울산이 안 도와주면 뭐 우승 경쟁의 의미가 없긴 하네."

"근데 전주를 가야 할지 말아야 할지 고민이네. 어떻게 할까?"

이 시기 모든 신문사 편집국 체육부의 대화 내용은 비슷했다. K리그1 최종라운드가 열리는 12월 1일, 어느 현장을 취재해야 할지를 놓고 축구팀 모두가 고민에 휩싸였다. 그도 그럴 것이 14년 만에 울산이 사실상 정상 정복을 눈앞에 둔 상황이라 '선택'이 필요했다. 전주월드컵경기 장에서 전북-강원, 울산종합운동장에서 울산-포항, DGB 대구은행파크에서 대구-서울이 최종라운드 맞대결을 벌였다. 전주와 울산 경기는 1~2위를 결정짓는 경기였고, 대구 경기는 마지막 한 장 남은 차기 시즌 ACL 출전권이 걸린 한판 승부였다. K리그 팬들에게는 말 그대로 꿀 대진이었다. 모두 눈을 뗄 수 없는 경기였지만 중요도의 차이는 분명히 있었다. 울산은 숙원이던 리그 챔피언에 오른다는 설렘에 가득 차 있었다. 반면 전북은 최강희 감독이 떠난 뒤 새로운 외국인 사령탑으로 야심차게 출발했지만 당연하게 여긴 리그 우승을 놓칠 위기에 내몰리면서 반갑지만은 않은 최종전을 기다리고 있었다.

　K리그를 취재하는 기자들에게는 리그 우승팀이 결정되는 날이 1년 가운데 가장 바쁘다. 우승팀이 정해지면 시상식 등 취재해야 할 것도 많고, 기사도 평소보다 곱절은 많이 써야 한다. 최종라운드를 앞두고 관계자 대부분은 2019시즌 K리그의 선두 경쟁이 이미 기울었다고 판단하고 있었다. 그 때문에 몇몇 언론사는 '선택과 집중'을 해서 전주에서 열리는 최종라운드에 취재기자를 보내지 않

는 결단을 했다. 대신 울산에 두 명 이상의 기자를 보내 우승 현장에 집중하겠다는 계획을 세웠다. 뿐만 아니라 환희의 순간을 담아낼 사진기자를 전주에 보내지 않은 언론사도 꽤 됐다. 그만큼 당시 분위기는 울산으로 기울었다. 그렇게 많은 축구팬들과 관계자들은 자신만의 방식으로 2019시즌 K리그 우승팀을 기다렸다.

겨울비가 쏟아지는 전주성, 경기 종료 휘슬이 울렸지만 1만 명의 관중들은 경기장을 떠나지 못했다. 경기를 마친 선수들은 물론 관중석에 자리한 팬들의 시선은 울산-포항전이 중계되고 있는 전광판을 향했다. 울산-포항전이 종료되자 전주월드컵경기장은 환호성으로 뒤덮였다. 예상치 못한 우승이라 더 짜릿했다. 2019시즌은 전북이 기록한 일곱 차례 K리그 우승 가운데 가장 극적이었다.

시즌 최종전을 앞두고 전북의 우승 가능성은 확률로 따지면 10퍼센트 정도였다. 흔히 기사에서 '9부 능선을 넘었다'고 하면 순위나 결과가 뒤집힐 가능성이 희박하다는 의미다. 전북은 그렇게 리그 최종전을 맞이했지만 마지막 희망의 끈을 끝까지 놓지 않았다.

최종라운드를 앞두고 열린 전북과 울산의 대결이 무승부로 마무리되면서 1~2위 간 승점은 3점이 유지됐다. 결국 선두 울산이 무난하게 우승컵을 들어 올릴 것이라는 전망이 지배적이었다. 전북이 우승하려면 최종전 승패뿐만 아니라 다득점 등 여러 가지 경우의 수가 정확하게 맞아 떨어져야 했기에 울산이 2005년 이후 14년 만에 우승의 한을 풀 것이라고 다들 예상했다.

하지만 모두의 예상은 보기 좋게 빗나갔다. 이날 전주와 울산의 경기는 동시에 킥오프됐다. 전북 서포터는 "영일만 형제(포항)여 힘내라!"라는 플래카드를 내걸면서 극적인 뒤집기를 기대했다. 전주월드컵경기장을 찾은 팬들은 두 경기를 한꺼번에 보느라 바빴다. 손에 든 핸드폰으로는 울산-포항전을 보면서, 그라운드에서 펼쳐지고 있는 전북-강원전까지 신경을 써야 했다.

전북 팬들은 그라운드 상황에 관계없이 포항의 행보에 일희일비했다. 득점에 성공하면 큰 환호성을 터뜨렸고, 득점이 VAR(비디오판독시스템)을 통해 노골 처리되자 불만이 터져 나왔다. 조세 모라이스 감독이나 전북 선수들은 울산 경기에 대한 보고를 따로 받지 않아도 실시간으로 경기가 어떻게 흘러가고 있는지 대충 알 수 있을 정도였다. 이날 전주월드컵경기장에서는 전광판으로 울산-포항전 소식을 중간 중간 팬들에게 전하면서 선두 경쟁의 긴장감을 높였다.

일단 전북은 손준호의 결승골로 강원에게 1대0 승리를 거두며 최종전을 먼저 마감했다. 그리고 우승 여부는 하늘에 맡겨야 했다. 울산은 비기기만 해도 자력 우승을 확정할 수 있는 상황이었지만 어찌된 영문인지 포항전에서 소극적으로 경기를 운영하다가 상대에게 경기 주도권을 뺏기며 불안한 흐름을 이어갔다. 결국 후반에만 포항에게 세 골을 내준 울산은 우승이 좌절됐다. 울산 팬들 입장에서는 도저히 납득할 수 없는 결과였다. 최종전을 마친 결과 전북과 울산은 승점 79로 동률을 이뤘고, 다득점에서 전북(72골)이 울산(71골)을 한 골 차로 앞서며 왕좌에 올랐다. 울산은 포항에게 1대4로 졌는데, 만약 2골을 더 넣었다면 승패 여부에 관계없이 우승할 수 있었다.

최종전 경기 종료와 함께 울산종합운동장은 침묵으로 뒤덮였다. 겨울비가 쏟아지는 악조건에도 우승 장면을 직접 보려는 울산팬들이 1만5000명이나 경기장을 찾았다. 기대가 컸던 만큼 실망도 컸다. 김도훈 울산 감독은 포항전 직후 그라운드로 나와 선수 한 명 한 명과 악수를 나누면서 한 시즌 동안 고생한 제자들을 격려했다. 우승을 했다면 헹가래를 받는 시간이었겠지만 결국 짧은 인사만으로 시즌을 마감했다. 김 감독은 최종전을 마친 뒤 기자회견에서 "한 시즌 동안 최선을 다했다. 하지만 2등은 기억하지 않는다"면서 우승을 놓친 아쉬움을 여과 없이 드러냈다.

뜻밖의 우승이 확정되자 전주성은 말 그대로 난리가 났다. 전북의 우승을 지켜본 누군가 그런말을 했다. 아무리 스포츠에서 각본 없는 드라마가 연출된다고 하지만 이런 스토리를 사람이 썼다면 너무하다는 이야기를 들을 만한 결과였다고. 적어도 2019시즌 K리그 최종전이 열린 12월 1일만큼은 공감할 만한 상황이었다. 산전수전 다 겪은 베테랑 공격수 이동국에게도 2019시즌의 마지막은 짜릿했다. 그는 "너무나 감격스럽고, 이런 일이 일어나는구나 하는 생각이 들었다. 2009년 처음 우승했을 때만큼 감격스러운 우승인 거 같다"고 극적인 뒤집기 우승을 자축했다. 팬들 사이에서는 '어우전(어차피 우승은 전북)'이 증명됐다는 이야기가 설득력을 얻기도 했다.

2019년은 전북에 아주 중요한 해였다. 14년간 지속된 최강희 체제에서 벗어나 창단 후 첫 외국인 사령탑을 영입함으로써 구단이 큰 변화를 모색하는 시기였기 때문이다. 3연패에 도전한 전북이 우승을 차지하지 못했다면 '포스트 최강희 시대'에 대한 우려와 비판 여론이 적지 않았을 것이다. 또한 2020시즌에 대한 부담감도 커질 수밖에 없었다. 그래서 극적인 해피엔딩은 더 큰 의미로 다가왔다.

아시아 무대에서 지휘봉을 잡은 모라이스 감독에게는 면죄부와 같은 우승이 됐다. 모라이스 감독은 극적인 역전 우승이 확정되자 어린아이처럼 좋아했다. 그는 "우승해서 너무나 기쁘다. 올해 처음으로 기분 좋은 기자회견을 하는 것 같다. 한국 와서 제일 기쁜 날인 거 같다"고 기뻐하면서도 "감독을 맡은 직후 트레블을 목표로 삼았다. 하지만 한 시즌을 보내보니 K리그도 쉽지 않은 대회다"라고 자평했다.

모라이스 감독은 포르투갈 포르투, 잉글랜드 첼시, 스페인 레알 마드리드 등에서 주제 무리뉴 감독의 참모 역할을 했다는 커리어로 많은 기대를 받았다. 세계적인 명장 아래서 지도자 수업을 받았지만 사령탑으로는 큰 성과를 내지 못했다는 약점이 있었다. 감독으로서는 리그 2연패를 달성한 최강팀의 사령탑이 되는 것은 행복하지만 한편으로는 부담이 큰 결정이었다.

2010년대 들어 K리그에서는 전북의 우승이 당연시 되고 있었다. 전북은 2009년부터 11년 동안 일곱 차례 리그 우승을 차지할 만큼 강호이고, 2010년 들어서는 마땅한 대항마를 찾기 힘들 정도였다. 모라이스 감독이 2019시즌 전북의 우승을 이끌지 못했다면 비판을 피할 수 없었을 것이다. 당연히 전임 사령탑인 최강희 감독과 비교 대상이 되기도 했을 것이다. 하지만 우승이라는 달콤한 열매 덕분에 모든 비난은 수면 아래로 가라앉았다. 오히려 K리그 무대에 연착륙한 모라이스 감독의 전북에 대한 장밋빛 전망이 터져 나왔다.

전북의 2019시즌 우승은 3년 전 2016시즌을 떠올리게 했다. 전북은 당시 선두를 독주하고 있었지만 과거 심판 매수 사건이 밝혀지면서 프로축구연맹으로부터 승점 9점 삭감이라는 중징계를 받았다. 그럼에도 불구하고 선두 경쟁을 이어간 전북은 최종전에서 승점 동률인 서울과 최후의 맞대결을 벌였다. 당시 전북은 비기기만 해도 우승을 확정지을 수 있는 유리한 상황이었다. 하지만 서울전에서 0대1로 지면서 우승을 놓쳤다. 때문에 최종전에서 극적인 우승을 거머쥔 서울에게 모든 스포트라이트가 집중됐다. 아픔을 곱씹은 전북은 3년 뒤 드라마틱한 우승의 주인공이 됐다.

전북은 2019시즌에 우승하며 창단 후 처음으로 리그 3연패를 달성했다. 그와 더불어 선물도 하나 받았다. K리그 최초의 대기록에 도전할 수 있는 기회다. 1983년 출범한 K리그에서 3년 연속 우승이란 최강팀의 상징이다. 1990년대 일화 천마(1993~1995년), 2000년대 성남 일화(2001~2003년)가 3연패를 달성한 바 있다. 그리고 2010년에는 전북(2017~2019년)이 감격을 맛봤다. 아직까지 K리그 역사상 4년 연속 정상에 선 팀은 존재하지 않는다. 전북은 2020년 K리그에서 새로운 우승 역사를 만들 수 있는 기회를 잡았다.

2010년대 K리그를 한마디로 요약하자면 '전북 천하'였다. 전북으로 시작해 전북으로 끝났다는 말이 어울릴 정도로 임팩트가 강했던 10년이다. 변방에 있던 팀이 리그 중심에 설 수 있다는 것을 보여준 시간이기도 했다. 전북을 이루는 구단, 선수단, 팬이라는 '삼박자'가 잘 어우러졌기 때문에 많은 성과를 낼 수 있었다. 이제는 더 높은 곳을 향해 전진해야 할 시간이다.

세상에 영원한 것은 없다. 스포츠도 예외는 아니다. '왕조'로 평가받던 강팀이 한순간에 몰락하는 것을 심심치 않게 봐왔다. 승부의 세계에서는 정상에 서는 것보다 정상을 지키는 것이 더 어렵다고들 한다. 2020년대를 시작하는 전북에게는 최고의 자리를 지켜내야 하는 미션이 주어졌다. 지난 10년이 전북을 K리그의 최강팀으로 만든 시간이었다면 앞으로의 10년은 진정한 명문 구단으로 거듭나기 위한 시간이 되어야 한다. 앞으로도 K리그의 리딩구단으로서 팬들이 항상 자랑스러워할 수 있는 전북이 되길 기원한다.